KB239515

쉼포지온

안 티 쿠 스
CLASSIC
03

쉼포지온

플라톤 지음 / 장경춘 옮김

안티쿠스
ANTIQUUS

Contents

아폴로도로스Apollodoros
아리스토데모스에게서 들었던 아가톤의 만찬에서 논의된 에로스에 대한 이야기를 자신의 친우들에게 들려주는 사람이다. 아테나이의 팔레론 사람으로서 소크라테스의 말과 행동을 따르는 사람이다. 그는 성격이 예민하고 광적인 성정을 지닌 인물로 그려진다. 그는 플라톤의 『파이돈』과 『변론』에서도 언급된다. 아폴로도로스는 소크라테스의 죽음에 억제하지 못한 울부짖음으로 모두를 비탄에 젖게 하였다(『파이돈』 117 d).

글라우콘Glaukon
아폴로도로스의 친우. 그가 누구인지는 확실하지 않다

포이닉스Phoinix
아리스토데모스에게서 에로스에 대한 논의를 들었던 사람으로서 『쉼포지온』 이외에 언급되지 않은 인물이다.

아리스토데모스Aristodemos
아테네의 퀴다테나이온 사람으로서 아폴로도로스와 포이닉스에게 아가톤의 모임에 있었던 에로스에 대한 논의를 전해주었다. 그는 키가 작고 소크라테스를 흉내를 내 맨발로 다니는 인물로 그려진다.

(아가톤의 만찬에서 논의한 인물)

아가톤Agathon
아테나이의 비극시인으로서 그의 작품은 거의 소실되었다. 그가 기원전 416년 레나에아 축제에서 그의 첫 비극작품으로 우승을 축하하기 위하여 만찬을 베푸는 모임이 『쉼포지온』의 배경이다. 그는 『쉼포지온』의 등장인물인 파우사니아스와 오랜 동반자의 관계를 지녔다고 전해진다. 그는 젊고 아름다우며 예의와 자비심을 가진 인물로 그려진다. 아가톤은 기원전 405년에 아테나이를 떠나 마케도니아 왕인 아르켈라오스의 궁전으로 갔다고 추정된다(아리스토파네스 『개구리』 83 이하).

파이드로스Phaidros
아테나이의 뮈리누스 사람이다. 그는 의사인 에뤽시마코스의 친우이다. 플라톤의 『프로

타고라스』에서는 힙피아스의 자연철학에 관심을 가진 인물로 등장하고(315 c), 『파이드
로스』에서 뤼시아스의 에로스에 대한 논의에 압도된 인물로 그려진다.

파우사니아스Pausanias

아테네의 케라메스 사람이다. 그는 아가톤의 사랑하는 남성으로 그와 오랜 관계를 지닌
인물로 전해진다. 그는 플라톤의 『프로타고라스』에서도 아가톤과 함께 프로타고라스의
논의를 듣고자 참석한 인물로 그려진다(315 d-e).

에뤽시마코스Eryximachos

에뤽시마코스는 의사로서 파이드로스의 친우이다. 그는 파이드로스와 함께 플라톤의
『프로타고라스』에서도 등장한다(315 c).

아리스토파네스Aristophanes (기원전 446년-386년)

그는 아테나이의 퀴다테나이 사람으로서 희랍에서 가장 뛰어난 희극시인이다. 그의 40
편의 작품에서 11편이 전해진다. 그는 자신의 작품에서 아테나이의 생활상을 어떤 작가
보다도 잘 표현했다고 전해진다. 그의 인물들에 대한 조롱의 힘은 아테나이의 정치가나
권력자들에게 있어서 두려움의 대상이었다. 그는 희극 『구름』에서 소크라테스를 소피스
트의 논법을 지닌 자연철학자로 그리고 있다. 플라톤의 그 희극이 소크라테스를 죽음으
로 이끌었다고 지적한다(『변론』19 c).

소크라테스Sokrates (기원전 469년-399년)

아테나이의 철학자.

디오티마Diotima

만티네이아 여성인 디오티마는 플라톤이 자신의 이론을 제시하기 위하여 창조한 허구적
인물이다. 만티네이아는 펠로폰네소스 반도의 아르카디아 고원에 있는 도시이고, 그녀
의 이름인 디오티마는 '제우스에게서 명예를 얻은 사람' 이라는 의미이다.

알키비아데스Alkibiades

알키비아데스(기원전 450년-404년)는 아테나이의 정치가이자 장군이었으며, 장군이었
던 클레이니아스의 아들이다. 그의 아버지가 죽은 뒤 친척인 아테나이의 뛰어난 정치가
페리클레스가 그를 돌보았다. 젊은 시절에 알키비아데스는 아주 아름답고 총명하고 기
지가 넘치며 정치가와 군사 전략가로서 전도가 유망한 청년이었으나, 사치스럽고 자기
중심적이었다고 전해진다. 그는 개인적인 권위(카리스마)와 전투에서의 용맹함으로 대
중적 인기를 얻었지만, 플라톤이 그리듯이 명예와 대중에 대한 욕망으로 말미암아 자신
의 삶을 파멸로 이끈 인물이다.

* 『쉼포지온』 번역의 희랍 원문은 J. Burnet(ed.), *Platonis Opera* (II) (Oxford, 1901)이다.
  번역문에 있는 [ ] 표시는 스테파누스 판본의 쪽과 단락표시이다.

쉼포지온

도입부

내가 생각하기에 자네들이 묻는 것에 대하여 되새기지 않고 있는 것은 아니라네. 사실 나는 엊그제 팔레론[1]에 있는 나의 집에서 도심으로 가고 있었다네. 그런데 내가 아는 누군가 먼 뒤에서 나를 보고는 놀리는 듯한 어조로 소리쳤네. '어이! 자네 팔레론 사람', 그가 말하기를, '아폴로도로스, 멈출 수 없겠나?.' 내가 서서 기다렸더니 그가 말하기를, '아폴로도로스! 최근에 나는 아가톤과 소크라테스와 알키비아데스 그리고 [172 b] 그때 만찬을 함께 했던 그 밖의 사람들의 모임과 에로스에 대한 논의에 대하여 그것이 무엇이었는지 묻고자 자네를 찾았었네. 필립포스의 아들인 포이닉스에게서 그것을 들었던 어느 누군가 나에게 이야기했고, 그는 자네가 그것을 알고 있다고 말해주었네. 하지만 그는 그것에 대해 어떤 것도 명확하게 말하지 못했다네. 그러니 자네가 이야기해주게나. 자네는 자네의 친우가 말했던 것을 가장 잘 전달할 사람일세.' 그는 묻기를, '우선 나에게 말해보게. 자네도 그 모임에 있었나 아니면 없었나?' 나는 답하기를, [172 c] '자네가 묻는 그 모임이 최근에 있었기에 내가 거기에 있었다고 생각했다면, 자네에게 이야기했던 그 사람은 어떤 것도 전혀 명확하게 이야기하지 못하는 사람이라네.' 그가 말하기를, '나 자신도 그렇게 생각했었네.' 내가 묻기를, '글라우콘, 자네가 어찌하여 그렇게 생각했는가? 자네는 아가톤이 아테나이에서 오랫동안 살지 않았고,[2] 그동안 내가 소크라테스와 함께 시간을 보내면서 그가 말하고 실행하는 모든 것을 알고자 한 것을 나의 일상적인 임무로 삼은 지 아직 3년도 되지 못했다는 것을 모르지는 않겠지? [173 a] 그전에 나는 이리저리 돌아다니면서, 지금의 자네와 같이 어느 누구보다도 비참하면서도 어떤 중요한 것을 한다고 생각했었고, 철학을 하기보다는 어떤 다른 것을 하여야 한다고 생각했었네.' 그가 말하기를, '그만 놀리고, 그 모임이 언제 있었는지 말해주게.' 내가 답하기를, '아가톤이 그의 첫 비극(작품)으로 상을 타서,[3] 아가톤과 그의 합창가무단(코로스)이 그의 우승에 대한 제례를 지냈던 날의 다음 날인 우리가 아직 어렸을 때라네.' 그는 말하기를, '그렇다면 아주 오래전이었군.' 그가 묻기를, '그러면 누가 그것을 자네에게 말해주었나? 소크라테스 자신이었나?' [173 b] 내가 답하기를, '제우스 신이시여! 절대로 아니라네. 포이닉스에게 이야기했던 바로 그 사람이라네. 키가 작고 언제나 신발을 신지 않던, 퀴다테나이온 사람인[4] 아리스토데모스였네. 내가 생각하기에 그는 그 당시에 소크라테스 주위에 있었던 어떤 사람 만큼이나 소크라테스를 사랑하는 사람으로서 erastes[5] 그 모임에 있었다네. 하지만 내가 그에게서 들었던 어떤 것들에 대하여 소크라테스에게 나중에 물어보았더니, 그는 아리스토데모스가 이야기했던 것을 확인해 주었다네.' '그렇다면 자네가 나에게 이야기를 해주는 것이 어떠한가?', 그가 말하기를, '도심으로 가는 길을 걷는 우리에게 말하고 듣는 것이 아주 어울린다네.'

내가 시작하면서 말했듯이, 내가 되새기지 않고 있지 않았기에 [173 c] 그렇게 우리는 함께 걸으면서 그것에 대한 이야기를 하였네. 여하튼 자네들에게 (그것에 관하여) 이야기를 해야 한다면 (나는) 그렇게 하여야 한다네. 실제로 나 자신은 게다가 철학에 관한 어떤 말을 하거나 다른 사람에게서 들을 때, 그것에서 어떤 이익을 얻는다는 생각은 차치하고서 아주 즐거움을 느낀다네. 하지만 자네들은 실제로는 어떤 일도 하지 못하면서 어떤 중요한 일을 한다고 생각하기에, [173 d] 나는 어떤 다른 것에 대한 말, 특히 자네들과 같이 부유하고 돈 모으는 사업가들의 말에 넌더리가 나고, 친우들인 자네들에게 연민을 느낀다네. 아마도 자네들도 역시 내가 비참하다고 생각할 수 있고, 나는 자네들이 생각하는 것이 사실이라고 생각할 수 있네. 하지만 나는 자네들이 그렇다고 생각하는 게 아니라 잘 알고 있다네.

아폴로도로스의 친우

아폴로도로스, 자네는 언제나 똑같구먼. 자네는 언제나 자네 자신과 다른 사람들을 험담하는군. 자네는 자네에게서 시작하여 소크라테스를 제외한 모든 사람들이 전적으로 비참하다고 생각하는군. 그런데 나 자신은 도대체 자네가 어떻게 '연약한(부드러운) 사람'으로 불리는 애칭을 지니게 되었는지 알 수 없다네. 자네는 소크라테스를 제외한 자네 자신과 그 밖의 모든 사람에게 화를 내면서 언제나 그렇게 말을 하는군.

아폴로도로스 [173 e]

친우여, 내가 미치고 정신이 나갔기에 나 자신과 자네들에 대하여 이렇게 생각하는 것이 명확하다네.

아폴로도로스의 친우

아폴로도로스, 그러한 것에 대해서 지금 논쟁할 가치도 없네. 내가 자네에게 원했던 것을 달리하지 말고 그 논의가 무엇이었는지 이야기해주게나.

아폴로도로스

그렇다면 그 논의는 마치 이것과 같았네 – [174 a] 그것보다는 처음부터 그것을 그(아리스토데모스)가 이야기했듯이 내가 자네들에게 이야기하고자 하네.

아리스토데모스의 서언

그가 전하기를, 그는 목욕하고 신발(샌들)을 신은 소크라테스를 (우연히) 만나게 되었는데, 소크라테스는 좀처럼 그렇게 하지 않았다네. 그래서 그는 소크라테스에게 그렇게 아름답게 하고서 어디를 가는지 물었네.

소크라테스가 말하기를 '아가톤의 집으로 만찬을 하러 간다네. 어제의 (우승의) 제례는 내가 군중이 겁나서 그를 피했었네. 하지만 오늘은 참석한다고 약속했네. 그래서 그의 아름다운 모습에 걸맞은 (아름다운) 모습으로 가고자 이렇게 아름답게 차렸다네.' 소크라테스가 묻기를 '그런데 자네는 초대받지 않고 자의로 만찬에 가는 것에 대해 어떻게 생각하는가?' [174 b] 아리스토데모스는 말하기를, '나는 "그대가 지시하는 대로 그렇게 하겠네"라고 답했다네.' 그(소크라테스)가 말하기를, '그렇다면 따라오게나. 그리고 속담을[6] 훼손하여 (그것을) "좋은 사람은 좋은[7] 사람(또는 아가톤)의 만찬에 자의로 간다"로 바꾸도록 하세. 호메로스도 그 속담을 훼손했을 뿐만 아니라 모욕했다네. [174 c] 호메로스는 아가멤논을 전투에서 아주 좋은 사나이로 만들지만, 메넬라오스를 비겁한 창잡이로 만들고 나서, 아가멤논이 제례를 지내고 축연을 베풀 때,[8] 그는 초대받지 못한 메넬라오스를 하찮은 사람으로서 잘난 사람의 만찬에 갔다고 만들었다네.'

이러한 말을 듣고 나서 아리스토데모스가 전하기를, 그는 말하기를, '하지만, 소크라테스, 나는 자네가 말하는 것처럼 그렇지 못하고, 그보다는 호메로스의 묘사처럼 초대도 받지 못한 하찮은 사람이 지혜로운 사람의 만찬에 가는 것이 아닌지 모르겠네. 그렇다면 나는 초대도 받지 못하고 가는 것에 동의할 수 없지만, 자네의 초대에 의해 가기에 자네는 나를 데려가면서 [174 d] 어떠한 구실을 만들 수 있을지 생각해보게나.'

소크라테스가 말하기를, '우리 둘이 함께 길을 나서면서 무엇을 말해야 할지 생각해보세. 그러니 가세.'[9]

아리스토데모스가 전하기를, 이러한 대화를 하고 나서 그들은 (길을) 떠났네. 그런데 소크라테스가 (자신의) 생각에 어찌하여 사로잡혀서 길을 걸으면서 뒤처지게 되어 아리스토데모스가 기다리자 그에게 먼저 가라고 지시했네. 그가 아가톤의 집에 도착하니 [174 e] 대문이 열려 있는 것을 보았고, 그가 말하기를, 그는 그 자리에서 어떤 우스꽝스러운 것(상황)을 겪었다네. 집안에 있던 하인 하나가 곧 그를 맞이하더니 다른 사람들이 (침상에) 기대어 앉아 있는 곳으로 안내하였고, 그는 이제 만찬을 시작하려는 그들을 보았네. 아가톤이 그를 보자마자 말하기를, '아리스토데모스! 그대는 만찬을 할 시간에 꼭 맞추어 왔네. 그대가 어떤 다른 일로 왔다면 다음으로 미루도록 하세. 내가 어제 그대를 초대하려고 찾았지만 볼 수 없었다네. 그런데 무슨 이유로 소크라테스를 우리에게 데려오지 않았는가?'

아리스토데모스가 전하기를, '내가 뒤를 돌아보았지만, 어디에서도 뒤따르는 소크라테스를 볼 수 없었네. 사실은', 나는 말하기를, '나는 그에 의해 이 만찬에 초대되어 나 자신이 그와 함께 왔다네.'

아가톤이 말하기를, '그러기를 잘하였네, 그런데 소크라테스는 어디에 있는가?'

[175 a] '그는 지금까지 내 뒤를 따라 들어왔다네. 하지만 그가 어디에 있는지는 알 수 없네.'

그가 전하기를, '아가톤은 말하기를, 하인아, 소크라테스를 찾아서 이리로 모셔올 수 없느냐?' 그는 말하기를, '아리스토데모스, 그대는 에뤽시마코스 옆에 기대어 앉으시게.' 그(아가톤)는 하인에게 그가 (침상에) 기대어 앉을 수 있게 발을 씻겨주라고 말했네. 어떤 하인 하나가 오더니 전하기를, '소크라테스는 이웃집의 현관으로 물러나 거기에 서 계셨고, 제가 불렀지만 그는 들어오시려 하지 않습니다.'

아가톤은 말하기를, '너는 아주 터무니없는(이상한) 말을 하는구나. 그분을 불러서 거기에 계시지 못하게 할 수 없느냐?'

[175 b] 아리스토데모스는 전하기를, 그(아리스토데모스)가 말하기를, '그러지 말고 그를 그냥 놔두게. 이러는 것은 그가 지닌 버릇이네. 그는 어디를 가든지 자주 사라져서 서 있다네. 내가 생각하기에 그는 곧 올 것이네. 그러니 그를 방해하지 말고 그대로 놔두게.'

아리스토데모스가 전하기를, 아가톤이 말하기를 '그대의 생각이 그렇다면 그렇게 해야 할 것이네. 하지만, 하인들아, 너희들은 다른 사람들의 시중을 들어라. 어느 누구도 너희들을 감독하지 않으니 – 그러한 것을 내가 한 번도 하지 않았듯이 – 어떻게 하든지 너희들이 좋을 대로 시중을 들어라. 그래서 지금 나와 다른 사람들이 너희들에 의하여 만찬에 초대되었다고 마음에 그리면서 [175 c] 우리가 너희들을 칭찬할 수 있도록 시중을 들도록 해라.'

그러고 나서, 그가 말하기를, 그들은 만찬을 시작했네. 그런데도 소크라테스는 들어오지 않았네. 아가톤은 소크라테스를 모셔오도록 여러 번 지시했지만 아리스토데모스는 허락하지 않았네. 소크라테스는 여느 때처럼 긴 시간을 보내지 않고 도착했다네. 얼추 그들은 만찬을 하는 도중이었네. 아리스토데모스가 전하기를, 가장 끝에 있는 침상에 홀로 기대어 눕게 된 아가톤이 말하기를, '소크라테스, 내가 그대와 (몸이) 닿아, 현관에서 그대에게 생긴 [175 d] 지혜를 얻고자 하니 이쪽으로 와서 내 곁에 기대어 앉으시오. 그대는 찾고자 했던 것을 갖고 있는 것이 분명하기 때문이오. 그렇지 않다면 그대는 먼저 (그곳을) 떠나지 않았을 것이오.'

소크라테스가 앉게 되어 말하기를, '아가톤, 마치 잔 속에 있는 물처럼 넘치는 것에서 빈 것으로 실을 타고 흐르듯이, 우리가 서로 닿기만 해도 우리의 지혜가 넘치는 것에서 빈 것으로 흐르는 그러한 것이라면, 얼마나 좋겠는가! 지혜가 그러하다면 [175 e] 나는 자네 옆에 기대어 앉는 것을 매우 소중하게 여길 거라네. 그 이유는 내가 자네에게서 나온 여러 가지 아름다운 지혜로 가득 차게 될 것으로 생각하기 때문이라네. 나의 지혜는 하찮은 것일 테고, 더구나 꿈속에 있는 것과 같이 논란의 여지가 있지만, 자네의 지혜는 젊은 자네에서 나온 것으로 아주 밝게 빛나고 엊그제 3만 명이 넘는 증인인 우리 희랍 사람들 앞에서 두드러지게 드러났기에 명민함(광휘)과 커다란 발전을 지닌 것이네.'

아가톤이 말하기를, '소크라테스, 그대는 무뢰한(휘브리스hybris를 지닌 사람) 이로군. 조금 지나서 나와 그대가 디오뉘소스를 재판관으로 하여 지혜에 대한 이러한 논의를 판결하도록 하세. 하지만 지금은 우선 만찬을 들도록 하세.'

[176 a] 그러고 나서, 아리스토데모스가 전하기를, 소크라테스는 기대어 앉았고, 다른 사람들과 함께 만찬을 들었네. 그들은 헌주獻酒를 따르고, 신에게 찬가를 부르고 다른 관례적인 일을 한 다음에 술로 향했네. 그때, 그가 전하기를, 파우사니아스가 다음과 같은 말을 시작했네. 그(파우사니아스)가 말하기를, '자 여러분! 어떻게 하면 술을 가장 쉽게 마실 수 있겠는가? 사실 나는 어제의 숙취로 매우 괴롭기에 어떤 휴식이 필요하다는 말을 그대들에게 하고자 하네. 나는 그대들도 어제 참석했었기 때문에 대부분 그러하리라 생각하네. [176 b] 그러면 술을 어떻게 가장 쉽게 마실 수 있는지 살펴보세.'

그러자 아리스토파네스가 말하기를, '파우사니아스, 자네는 (우리가) 음주로부터 어떤 휴식을 모든 방식에서 준비해야 한다고 잘 말하였네. 나도 어제 완전히 취했던 사람들 중 하나라네.'

아리스토데모스가 전하기를, 아쿠메노스의 아들인 에뤽시마코스가 그들의 이야기를 듣고서 말하기를 '그대들은 정말로 잘 말하였네. 하지만 그대들 중 한 사람에게서 듣고 싶네. 아가톤은 술을 마실 힘이 있는가?.'

아가톤이 말하기를, '절대로 그렇지 못하고, 나는 그럴 힘도

없다네.'

 [176 c] 에뤽시마코스가 말하기를, '술을 가장 잘 마시는 그대들이 지금 포기한다면, 나와 아리스토데모스와 파이드로스 그리고 여기에 있는 우리에게는 요행이 될 것이네. 우리들은 언제나 못마시는 사람들이기 때문일세. 하지만 나는 소크라테스를 우리의 논의에서 제외하겠네. 사실 우리가 어떤 것을 하든지 소크라테스는 만족하기에 그는 술을 마시거나 마시지 않거나 모두 다 잘할 것이네. 그래서 참석한 사람들 중에서 어느 누구도 기꺼이 많은 술을 마시지 않으리라고 보이기에, 술 취함(만취)에 대하여 그것이 무엇인지 사실을 말하면서도 나는 아마도 밉살스럽지 않게 될 것이네. 내가 생각하기에 나의 의술에 의하면 [176 d] 술 취함은 사람들에게 해롭다는 것이 명확하다네. 그래서 나 자신은 의도적으로 술을 과도하게 마시려 하지 않고, 특히 그 전날의 숙취를 여전히 겪는 사람들이 있다면 그렇게 하라고 다른 사람에게도 조언하지 않는다네.'

 아리스토데모스가 전하기를, 뮈리누스 사람(출신)인¹⁰ 파이드로스가 끼어들어 말하기를, '그렇다네. 나 자신은 특히 의술에 관하여 그대가 무엇을 말하든지 그대를 따른다네. 그리고 지금 나머지 사람들도 사려 깊게 생각한다면 그래야 할 걸세.' [176 e] 모든 사람들이 이러한 말을 듣고 나서 술 취함이 아니라 오직 즐거움을 위하여 술을 마시면서 현재의 모임을 갖는 것에 동의했다네.

에뤽시마코스가 말하기를, '이제 우리 저마다가 어떤 강요도 없이 원하는 만큼 술을 마시기로 결정되었기에, 이것 다음에 나는 방금 들어온 (갈대) 피리 부는 소녀를 그녀 자신이나, 그녀가 원하면, 가내에 있는 다른 여성들을 위하여 연주하게 내보내기로 하고, 오늘은 우리가 서로 대화하기를 제안하네. 그대들이 좋다면 나는 어떤 논의를 하여야 할지 그대들에게 제안하고자 하네.'

[177 a] 모든 사람이 그가 제안하기를 원한다고 말하면서 그에게 제안하라고 부탁했네. 그래서 에뤽시마코스가 말하기를, '나의 논의의 시작은 에우리피데스의 멜라닙페를 따른다네.[11] 내가 하려는 이야기는 "나의 것이 아니라" 여기에 있는 파이드로스의 것이네. 파이드로스는 언제나 나에게 한탄하면서 말하기를, "에뤽시마코스, 어떤 신들에게는 우리 시인들이 지은 찬가와 송가가 있지만, 그렇게 오래되고 그렇게 위대한 신인 에로스에 대해서는 그렇게 많은 시인들 중 어느 한 시인도 [177 b] 이제까지 단 하나의 찬사(상찬가)를 짓지 않았다는 것이 어처구니없지 않은가? 그대들이 좋다면, 훌륭한 소피스트들을 다시금 생각해보게. 가장 훌륭한 프로디코스가 그렇듯이 그들은 헤라클레스나 그 밖의 인물

들에 대한 찬사를 산문으로 썼다네 – 사실 이것은 놀랄만하지도
않고, 나 자신은 소금의 유용성에 대한 놀라운 찬사가 있는 그것
에 대한 어떤 현인의 책을 이미 보았다네. 게다가 그대들도 그러
한 찬사가 있는 [177 c] 그 밖의 많은 책을 볼 수 있을 것일세. 그들
중 어느 누구도 이제까지 에로스에 대해 어울리는 찬사를 지으려
고 아직 시도조차 하지 않았지만, 그러한 것들에 대해서는 아주
진지하게 주의를 기울였다네 – 하지만 그렇게 위대한 신에 대해
서는 이렇게 관심이 없다네." 파이드로스는 이것(이러한 논점)에 대
하여 아주 잘 말했다고 생각하네. 그래서 나는 그에게 기여(공헌)
를 하여 그에게 즐거움을 주기를 욕망할 뿐만 아니라, 지금 여기
에 참석한 우리들이 그 신을 기리는 것이 적절하다고 생각하네.
[177d] 그대들도 동의한다면, 우리가 충분한 시간을 그 논의에 보
낼 수 있을 것이네. 우리들 저마다 (왼쪽에서) 오른쪽으로 에로스에
대한 찬사의 논의를 가능한 한 가장 아름답게 하기로 하고, 그리
고 파이드로스가 첫째로 기대어 누워 있을 뿐 아니라 이 논의의
어버이(창시자)이기에 제일 먼저 시작하는 것이 좋다고 생각하네.'

소크라테스가 말하기를, '에뤽시마코스! 어느 누구도 그대에
게 반대하지 않을 걸세. 에로스적인 것들(ta erotika 에로스와 관련된 것)
이외에는 어떤 것도 알지 못한다고 말하는 나도 거절하지 않을
것이고, 아마도 아가톤과 파우사니아스도 [177 e] 거절하지 않을

것이고, 모든 시간을 디오뉘소스와 아프로디테에게 쏟는 아리스
토파네스도 거절하지 않을 것이고, 내가 여기에서 본 어느 누구
도 거절하지 않을 걸세. 사실 끄트머리에 기대어 누워 있는 우리
들에게는 공평하지 않다네. 하지만 앞선 사람들이 아주 잘 말한
다면, 우리는 만족할 걸세. 파이드로스는 행운을 지니고 에로스
에 대한 찬사를 시작하도록 하게나.'

그 밖의 모든 사람들도 이에 동의하고서 [178 a] 소크라테스가
말했던 바로 그것을 재촉했네. 아리스토데모스는 그들 저마다가
말한 모든 것을 전부 기억하지는 못했고, 나도 그가 말했던 모든
것을 기억하지 못한다네. 나는 그가 가장 잘 기억했던 논의들과
내가 생각하기에 기억할 만한 가치가 있는 사람들의 저마다의 논
의를 그대들에게 말하겠네.

파이드로스의 논의

아리스토데모스가 전하기를, 내가 말했듯이, 파이드로스는 먼
저 에로스는 대체로 위대한 신이고 인간들과 신들에서 다양하게
많은 방식에서, 그중에서도 그의 생성 때문에 아주 놀라운 이라
는 논점으로 말하기 시작했네. 그가 말하기를, [178 b] '그 신은
가장 오래된 것으로 숭배되고, 이것에 대한 증거로 에로스는 어
버이도 있지 않고, 속인이나 시인이나 어느 누구에 의해서도 (그

의 어버이가) 언급되지 않았다네. 하지만 헤시오도스는 최초로 카오스(틈)가 생성되었고, "그리고 나서 모든 것에 영원히 안전한 거처(자리)인 가슴이 넓은 가이아(대지)가 생성되었고, 그리고 에로스(사랑)가 생성되었다"고 말하네.[12] 아쿠실레오스도 역시 헤시오도스에 동의하며 카오스 다음에 가이아와 에로스, 그 둘이 생겨났다고 말하네.[13] 파르메니데스도 "모든 신들 중에서 에로스가 맨 처음으로 고안되었다"고 에로스의 생성genesis 을 언급하네.[14] [178 c] 이렇게 에로스는 많은 곳(전거)에서 가장 오래된 것이라고 인정하네. 그는 가장 오래되었기에 우리에게 가장 좋은 것의 원인aition 이네. 나 자신은 소년기 이후에 가치 있는 사랑하는 남성erastes보다 그리고 사랑하는 남성에게는 미동ta paidika (사랑받는 소년)보다 더 좋은 것이 무엇인지 말하지 못하겠네.[15] 일생동안 잘 살고자 하는 사람들을 이끌어야 하는 이것은 친척도 (공직의) 명예도 재물이나 어떤 다른 것도 에로스만큼 (사람들에게) 그렇게 잘 심어 넣을 수 없을 걸세. [178 d] 내가 말한 이것은 무엇인가? 수치스러운 것들에 대한 수치스러운 마음을, 아름다운 것에 대한 명예심을 말하네. 이러한 것들이 없다면 도시국가도 개인도 위대하고 아름다운 일을 실행할 수 없을 것이네. 그러므로 나는 지금 사랑하는 남성은 어느 누구나가 어떤 수치스러운 짓을 하다가 들키거나, 용기가 없기 때문에 자신을 지키지 못하여 어떤 사람에게 수치스러운 짓을 겪는다면, 그의 아버지나 친우들이나 그 밖의 어떤 사람보다도 [178 e] 그의 미동ta paidika에게 보이는 것보다 그렇게 더 괴로운 일은 없을 것이라 말하네. 마찬가지로 우리는 사랑받는 소년ho eromenos도 어떤 수치스러운 짓을 하다 들키면, 그의 사랑하는 남성을 대하며 특히 수치스러운 마음을 느낀다고 보네. 그래서 사랑하는 남성과 미동으로 구성된 도시국가나 군대를 만들고자 하는 어떤 고안이 있다면, 모든 수치스러운 짓에서 벗어나서 서로 경쟁적으로 명예를 추구하는 사람들로 하여금 그 자신들의 국가를 다스리는 것보다 더 좋은 방법은 없을 것이네. [179 a] 더구나 그러한 사람들이 서로 함께 싸운다면 실제로 아주 적은 수로도 모든 인간을 이길 것이네. 사랑하는 남성은 군열軍列을 이탈하거나 무기를 버리다가 어떤 다른 사람보다도 미동에게 들키는 것을 결코 견딜 수 없을 것이네. 그것보다는 그는 여러 번 죽기를 선택할 것이네. 게다가 미동을 버리고 떠나거나 위험에 처한 그를 돕지 않는 것에서 – 에로스 자신이 용기(미덕)에서 천성적으로 훌륭한 사람과 비슷하도록 고취할 수 없는 그러한 겁쟁이는 없다네. [179 b] 신이 어떤 (희랍) 영웅들에게 "불어넣는 힘"이라고 호메로스가 말한 그것은 전적으로 에로스에게서 비롯된 그가 사랑하는 사람들에게 준 것이라네.'

'더욱이 오직 사랑하는(에로스를 지닌) 사람들만이 남성은 말할 것도 없고 여성조차도 기꺼이 (사랑하는 사람을 위하여) 죽으려 할 것

파이드로스의 논의 25

일세. 자신의 남편에게는 아버지와 어머니가 있었지만 그를 위하여 홀로 기꺼이 죽으려 했던 펠리오스Pelios의 딸인 알케스티스Alkestis[16]는 우리 희랍 사람들에게 이러한 논의를 위하여 그것에 대한 충분한 증거를 주네. [179 c] 그에게는 아버지와 어머니가 있었지만, 그녀의 에로스(사랑) 때문에 그녀는 그들을 애정(필리아 phil-ia)에서 훨씬 능가했기 때문에 그들은 그 아들에게 낯설게 보이게 되었고 오직 이름으로만 관계가 있는 사람들로 보이게 됐다네. 그리고 그녀는 그런 행위를 함으로써 인간들 뿐만 아니라 신들에게도 아주 아름다운 일을 실행했다고 보이기에, 많은 사람들이 온갖 아름다운 일을 실행했지만, 신들은 적은 수의 어떤 사람들에게만 영혼이 하데스에서 되돌아오는 특권을 주었고, 그래서 신들은 그녀의 행위에 감탄하면서 그녀의 영혼을 되돌아오게 했다네. [179 d] 그렇기에 신들도 에로스와 관련된 열정과 용기를 대단히 존중한다네. 하지만 그들은 아내를 찾아온 오이아그로스의 아들인 오르페우스에게 그녀 자신을 넘겨주지 않고,[17] 그녀의 환영만을 보여주고서 그를 하데스에서 헛되이 되돌려 보냈다네. 그 이유는 오르페우스가 키타라(뤼라) 연주자이기에 알케스티스와 같이 에로스를 위하여 기꺼이 죽으려하지 않고, 살아서 하데스로 들어가려고 꾀한 나약한 사람으로 보였기 때문일세. 그렇기에 어머니(테티스)에게서 [179 e] 헥토르를 죽이면 죽게 될 것이고 그를 죽이지 않는다면 고향으로 가서 늙어 죽을 것이라는 말을 듣고서도,[18] 그의 사랑하는 남성인 파트로클로스를 돕고 그를 위한 복수를 기꺼이 선택하여, [180 a] 그를 위하여 죽었을 뿐만 아니라 죽은 그를 따라 죽었던 테티스의 아들인 아킬레우스를 존중하여 신들은 그를 축복의 섬으로 보냈던 것과 다르게, 오르페우스에게는 벌을 주어 여성들에 의해 죽게 하였다네. 그렇기에 신들은 아킬레우스가 그의 사랑하는 남성을 그렇게 소중히 여겼기에 그를 찬탄하면서 특별히 존중했다네. 하지만 아이스퀼로스는 아킬레우스가 파트로클로스 뿐만 아니라 실제로 그 밖의 모든 영웅들보다 아름다웠고, 아직 수염도 자라지 않고, 게다가, 호메로스가 말하듯이, 훨씬 어렸는데도, 파트로클로스를 사랑했다eran는 터무니없는 말을 하네. 사실 신들은 에로스와 관련한 이러한 용기를 [180 b] 대단히 존중하지만, 그러나 그들은 사랑하는 남성이 미동에게 연정을 지닐agapaei 때보다 사랑받는 소년이 사랑하는 남성에게 연정을 지닐 때 훨씬 더 놀라워하고 감탄하고 자애를 베푼다네. 그 이유는 사랑하는 남성은 미동보다 훨씬 신적이기 때문이라네. 그에게는 (에로스) 신이 있다네. 그렇기 때문에 그들은 알케스티스보다는 아킬레우스를 훨씬 존중해서 그를 축복의 섬으로 보냈다네.'

'나 자신은 이렇게 에로스가 (모든) 신들 중에서 가장 오래되고 가장 존중을 받고, 살아 있거나 죽은 인간들이 용기와 행복을 얻

는 데 있어서 가장 권위 있는 신이라고 말하겠네.'

파우사니아스의 논의

[180 c] 그(아리스토데모스)가 전하기를, '파이드로스는 이와 같은 논의를 하였네. 하지만 파이드로스 다음에 있던 어떤 다른 사람들의 논의들은 내가 제대로 기억하지 못하겠네.' 그는 그들의 논의를 거르고 파우사니아스의 논의에 대한 이야기를 해주었네. 그(파우사니아스)가 말하기를, '파이드로스, 내가 생각하기에 이렇게 무조건적으로 에로스에 대한 찬사를 하도록 지시된 우리의 논의는 잘 제시되지 못한 것 같네. 에로스가 하나라면 그것이 좋겠지만, 사실은 그가 하나가 아니라네. 그가 하나가 아니라면, 먼저 어떤 에로스에 대한 찬사를 하여야 하는 지 서두로 말하는 것이 훨씬 올바르다네. 그렇기에 나는 그것을 올바로 고치고자 하네: [180 d] 나는 먼저 찬사를 하여야 하는 에로스를 언급하고, 그러고 나서 그를 신에 걸맞게 찬사를 하겠네. 모든 사람들은 아프로디테가 에로스 없이 존재할 수 없다는 것을 알고 있다네. 그 여신이 하나라면, 에로스도 하나라네. 하지만 그 여신은 둘이기에 필연적으로 두 에로스가 있어야 하네. 어떻게 그 여신들이 둘이 아닐 수 있겠는가? 한 여신은 당연히 나이가 더 많고, 어머니 없는 우라노스(하늘)의 딸이어서 그녀를 '우라니아(Ourania하늘)의' 아프로

디테라 부르고, 다른 여신은 더 젊고, 제우스와 디오네Dione의 딸이어서 [180 e] 그녀를 '판데모스(Pandemos 모든 사람/속인)의' 아프로디테라 부른다네.[19] 그러면 필연적으로 후자의 여신과 함께 일하는 에로스는 판데모스(속인)의 에로스로, 전자의 여신과 함께 일하는 에로스는 '우라니아(하늘)의' 에로스로 올바르게 불러야 하네. 따라서 모든 신에 찬사를 하여야 하지만, 저마다의 에로스가 얻은 직무(영역)를 말해야 하네. 모든 행위는 이와 같네: [181 a] 어떤 행위가 그 자체로 행해지면 그것은 아름답지도 수치스럽지도 않네. 예컨대 술을 마시거나 노래를 부르거나 대화를 하는 것과 같이 지금 우리가 여기에서 하는 것에서도, 그것들의 어떤 것도 그 자체로 아름답지 않고, 그것이 행해지면 그 행위에서 그러한 것 (아름다운 것과 수치스러운 것)이 나온다네. 아름답고 올바르게 행해진 것은 아름다운 것이 되고, 올바르게 행해지지 못한 것은 수치스러운 것이 된다네. 사랑함(에로스를 지님/to eran)과 에로스는 이렇기에 모든 에로스가 아름답지도 않고 찬사를 하기에 걸맞지도 않고, 오직 아름답게 사랑하도록 이끄는 에로스만이 그러하다네.'

'판데모스(속인)의 아프로디테와 연관된 에로스는 실제로 속되고 [181 b] 그에게 일어나는 어떤 것이나 실행한다네. 이것은 하찮은 인간들이 사랑하는 에로스라네. 그러한 사람들은 아름답게 실행한 것과 그렇지 못한 것에 마음을 쓰지 않고 오로지 목적을 얻는 것을 염두에 두기에, 첫째로 여성들 뿐만 아니라 소년들도 사랑하고, 둘째로 그들이 사랑하는 사람의 영혼보다는 신체를 사랑하고, 그리고 셋째로 가능한 한 지적으로 가장 낮은 사람들을 사랑한다네. 그렇기 때문에 그들은 좋은 것이든 그 반대의 것이든 똑같이 그들에게 일어나는 어떤 것이나 실행한다네. 이 에로스는 다른(우라노스) 여신보다 더 젊고 [181 c] 생성에서 여성과 남성(디오네와 제우스)을 함께 지닌 여신에서 비롯된다네. 하지만 우라노스 에로스는 첫째로 여성을 지니지 않고 오직 남성만을 지니며, 게다가 이 에로스는 소년들에 대한 에로스이고, 둘째로 음란함(hybris 휘브리스)이 없는 나이 든 우라노스의 여신에서 비롯된 에로스라네. 그러한 이유로 이러한 에로스로 인해 자극된 사람들은 본성적으로 더 강하고 높은 지성을 지닌 것에 연정을 지니기에 남성들에게 끌린다네. 그래서 어느 누구나 소년-사랑paiderastia에서 이러한 에로스(사랑)로 인해 순수하게 이끌린 사람들을 인지할 수 있을 거라네. [181 d] 사실 그들은 수염이 자라는 시기와 가까운 지성을 이미 지니기 시작한 소년들이 아니면 사랑하지 않는다네. 내가 생각하기에 이러한 시기에서 소년들을 사랑하기 시작한 사람들은 (그들과) 일생동안 함께 있고 삶을 공유하려 각오하고 있지, 어리기에 지성을 지니지 못한 소년들을 선택하고 나서 그들을 경멸하여 버리고, 어떤 다른 소년으로 도망치려고 속이지 않는다네. 실제로 확실하지 않은 것에 대한 많은 수고를 들이지 않기 위하여 소년들을 사랑하지 못하게 하는 [181 e] 노모스(법)가 있어야 하네.[20] 영혼과 신체에 관련하여 소년들의 도착지는 악덕과 미덕의 어디로 도달할지 확실하지 않다네. 그렇기에 좋은 사람들은 이러한 노모스를 자발적으로 자신들에게 세우지만, 그러한 속인의 사랑하는 남성에게는, [182 a] 우리가 그러한 사람들이 여성 자유민(시민)을 사랑하지 못하도록 가능한 한 강제하듯이, 이러한 노모스(법)를 강제하여야 하네. 그러한 사람들은 어떤 사람들로 하여금 사랑하는 남성에게 (신체적인) 즐거움을 주는 것이 수치스럽다는 말을 하게 하기에 비난을 일으킨다네. 적절하고 적법하게 행해진 어떤 행위도 비난을 얻는 것은 확실히 정당하지 않기에, 그 (비난하는) 사람들은 그러한 (속인의 사랑하는) 사람들의 부적절한 시기와 불의를 관찰하고 그들을 응시하면서 (수치스럽다고) 말한다네.'

'더욱이 (희랍의) 다른 도시국가에서는 에로스에 대한 노모스(법이나 규범)가 단순하게 규정되어 쉽게 알 수 있다네.[21] [182 b] 그 노모스가 이곳(아테나이)과 라케다이몬(스파르타)에서는 복잡하네. 엘리스와 보이오티아에서, 그리고 말을 잘하는 사람들이 없는 곳에서는 사랑하는 남성에게 (신체적인) 즐거움을 주는 것이 아름다운 것이라고 쉽게 노모스로 규정하고 있고, 게다가 내가 생각하기에 그들은 말을 잘하지 못하기에 젊은이들을 말로서 설득하려고 노력하는 수고를 덜기 위하여 어린이나 나이 든 이나 어느 누구도 (그것이) 수치스러운 것이라고 말하지 않을 것이네. 하지만 (희랍이 아닌) 다른 나라의 지배를 받은 사람들이 사는 이오니아와 그 밖의 많은 곳에서는 (그것이) 수치스러운 것이라고 규정하고 있다네. (희랍이 아닌) 다른 나라에서는 전제 권력 때문에, [182 c] 이 것과 철학과 운동에 대한 애호는 수치스러운 것이라네. 그 이유는 내가 생각하기에 (전제적) 지배자들에게는 거대한 야심이나 강한 우정과 연합(협력)이 피지배자들에게 생기는 것이 도움되지 않기 때문이라네. 그것(거대한 야심)은 바로 그 밖의 모든 것들(철학과 운동에 대한 애호)과 더불어 특히 에로스가 (인간에게) 심어 넣기를 가장 좋아하는 것이라네. 이곳 아테나이의 전제적 지배자들은 그것을 경험에 의해 배웠다네: 아리스토게이톤의 에로스(사랑)와 하르모디오스의 애정philia이 확고해져서 그들의 권력을 무너뜨렸기 때문이네.[22] 그래서 사랑하는 남성에게 (신체적인) 즐거움을 주는 것이 수치스러운 것이라고 규정된 곳은 [182 d] 그 노모스를 만든 사람의 사악함과 지배자의 탐욕과 피지배자의 비겁에 의하여 규정되었다네. 하지만 그러한 노모스가 단순하게 좋은 것이라 규정된 곳은 그것을 만든 사람이 지닌 영혼의 게으름 때문이라네. 여기(아테나이)에서는, 내가 말했듯이, 그 노모스를 인지하기가 쉽지 않지만 어떤 다른 노모스보다 더욱 아름답게 규정되었다네. 그대가 무엇보다도 다른 사람들보다 아름답지 못할지라도 가장 고귀하고 훌륭한 사람들과 은밀히 사랑하는 것보다 드러내고 사랑하는 것이 더욱 아름답다고 말해지는 것을 생각해보고, 다시금 – 어떤 수치스러운 짓을 한 사람에게 없는 – 사랑하는 남성에게 주어지는 모든 사람의 놀랄만한 격려와 그(사랑하는 남성)가 미동을 얻으면 아름답게 보이고 [182 e] 그렇지 못하면 수치스럽게 보이는 것을 생각해보고, 더욱이 (미동을) 얻으려 시도하는 것과 관련하여 노모스는 놀랄만한 행위들을 수행하도록 사랑하는 남성에게 찬사를 얻게 되는 권한을 주고, 어느 누군가 이것 이외에 어떤 다른 것(목적)을 추구하여 얻고자 그것들(놀랄만한 행위들)을 기꺼이 한다면, [183 a] 그것들 때문에 아주 커다란 비난을 사게 될 것을 생각해보게 – 그가 어느 누구에게서 돈이나 공직이나 어떤 다른 권력을 얻으려고 사랑하는 남성이 미동(사랑받는 소년)에게 하는 것과 같은 행위를 기꺼이 하고, 애원으로 간청과 청원을 하고 서약을 하고 문 앞에서 밤을 지새우고, 어떤 노예조차도 감히 하지 못할 노예 짓을 기꺼이 한다면, 친우도 적도 이렇게 행동하지 못하도록 방해할 것이고, [183 b] 그의 적은 그의 아첨과 굴종을 비난하고, 그의 친우는 그를 훈계하고 그에 대하여 수치스러워할 것이네 – 하지만 그러한 모든 것을 하는 사랑하는 남성은 호의를 얻게 되고, 노모스는 (그가) 극도로 아름다운 것을 실행했기에 그렇게 행동하는 것을 어떤 비난도 없이 허락한다네. 모든 사람이 말하듯이 가장 야릇한(기묘한) 것은 서약을 한 그(사랑하는 남성)가 서약을 어겨도 오직 그에게 신의 은사恩赦가 주어진다네 – 그들은 아프로디테에 의한 서약(사랑의 서약)은 사실일 수 없다고 말하네. [183 c] 그래서 이곳(아테나이)의 노모스가 말하듯이 신과 인간은 사랑하는 남성에게 모든 권한을 준다네 – 이렇게 이 도시국가에서는 사랑하는 것과 사랑하는 남성에게 애정philia을 지니는 것 모두가 극도로 아름다운 것으로 여겨진다고 어느 누구도 생각하게 된다네. 하지만 사랑받는 소년(미동)의 아버지는 그가 사랑하는 남성과 대화하지 못하도록 소년 감시원을 세워두고, 그 감시원에게 그러한 임무가 내려지기에, 그의 동료나 친우들은 그러한 것이 생기는 것을 목격한다면 비난할 것이고, 게다가 [183 d] 손윗사람은 그렇게 비난하는 그들을 그만두게 하거나 옳지 않은 말을 한다고 꾸짖지 않기에, 어느 누군가 이러한 것을 살펴본다면 그것과 반대로 그러한 것이 이곳에서는 극도로 수치스러운 것으로 여겨진다고 생각할 것이네. 그러나 사실은 이와 같다고 생각하네. 그것은 바로 서두에서 말했듯이 단순하지 않고, 그것 자체가 아름다운 것도 아니고 수치스러운 것도 아니고, 아름답게 행해지면 아름다운 것이고 수치스럽게 행해지면 수치스러운 것이라네. 수치스럽게 행동(처신)하는 것은 비천한 사람에게 비천한 방식으로 (신체적인) 즐거움을 주는 것이고, 아름답게 행동하는 것은 올바른 사람에게 아름다운 방식으로 즐거움을 주는 것이라네. 비천한 사람은 영혼(정신)보다는 신체를 사랑하는 그러한 판데모스(속인)의 사랑하는 남성이라네. [183 e] 게다가 그는 지속하는 것을 사랑하지 않기에 지속적이지도 않다네. 그가 사랑했던 신체의 청순미(청춘의 아름다움)가 지자마자 그는 온갖 말과 치욕스러운 언약을 남기고 날개를 단 듯이 도망친다네. 하지만 올바른 인격을 지닌 사랑하는 남성은 견고한 것에 융합되었기에 일생동안 지속한다네. 우리의 노모스는 [184 a] 어떤 사람들에게 즐거움을 주고 어떤 사람들을 피해야 하는지, 그들을 철저하고 올바르게 시험하고자 한다네. 그렇기에 그것은 사랑하는 남성이 어느 것에 속하는지 그리고 사랑받는 소년이 어디에 속하는지 경쟁하고 시험하게 하여, 사랑하는 남성으로 하여금 쫓게 하고 사랑받는 소년으로 하여금 피하도록 지시한다네. 따라서 이러한 이유 때문에 먼저 온갖 것을 올바르게 시험한다고 여겨지는 시간이 있어야 하기에 쉽사리 사로잡히는 것은 수치스러운 것으로 여겨지고, 그 다음에 학대를 당하여 위축되어 저항하지 못하거나 [184 b] 돈이나 정치적인 업무에 대한 호의가 주어져 그것을 경멸하듯이 거절하지 못하여 돈이나 정치적 권력에 사로잡히는 것도 수치스러운 것으로 여겨지고 있네. 그러한 것들의 어떤 것에서 고귀한 애정이 나오기는 고사하고, 그러한 것들의 어떤 것도 견고하거나 지속적인 것이 아닌 것으로 생각된다네. 미동이 사랑하는 남성에게 아름답게 (신체적인) 즐거움을 주고자 한다면 우리의 노모스에도 하나의 길이 남아 있다네. 우리의 노모스에서는 사랑하는 남성에게 있어서 그가 어떠한 노예 짓(굴종)도 미동을 위하여 기꺼이 한다면 [184 c] 아첨도 아니고 치욕스러운 짓도 아니기에, 그렇기에 굴욕적이지 않은 오직 하나밖에 없는 어떤 자의적인 노예 짓이 있다네. 그것은 미덕과 관계된 노예 짓(굴종)이라네. 어느 누군가 어떤 사람을 통하여 어떤 지혜나 어떤 다른 미덕(아레테)의 관점에서 더 나은 사람이 될 수 있다고 생각하면서 그의 시중을 기꺼이 들고자 한다면, 우리는 이러한 자의적인 노예 짓은 수치스럽지도 않고 아첨도 아니라고 여긴다네. 미동이 사랑하는 남성에게 (신체적인) 즐거움을 주는 것이 아름다운 것으로 되고자 한다면, [184 d] 이러한 두 가지의 노모스가 ─ 하나는 소년─사랑이고, 다른 하나는 지혜에 대한 사랑(철학)과 그 밖의 미덕에 대한 사랑이 ─ 하나로 모여야 하네. 사랑하는 남성과 미동 저마다가 이러한 노모스를 지니고 하나로 모인다면, 전자(사랑하는 남성)는 지성과 그 밖의 미덕에 공헌할 수 있고, 후자(미동)는 교육과 그 밖의 지혜를 위해 그것들(지성과 그 밖의 미덕)을 얻기를 요구할 것이기에, [184 e] 전자는 (신체적인) 즐거움을 주는 후자에게 어떠한 것도 정당하게dikaios 봉사할 것이고, 후자는 자신을 지혜롭고 뛰어나게 만드는 전자에게 어떠한 것도 정당하게 봉사할 것이네. 이러한 노모스들이 하나로 모이면 어떤 다른 경우가 아닌 오직 그 경우에 미동이 사랑하는 남성에게 (신체적인) 즐거움을 주는 것이 아름다운 것이 될 수 있다네. 이러한 경우에는 속는 것조차도 수치스러운 것이 아니라네. 하지만 그 밖의 모든 경우에는 그가 속거나 그렇지 않거나 그에게 수치스러움을 준다네. [185 a] 어떤 사람(미동)이 사랑하는 남성이 부자이기에 그의 재산 때문에 (신체적인) 즐거움을 주었지만, 사랑하는 남성이 가난한 사람으로 밝혀져서 그에게 속아 돈을 받지 못한다면, 마찬가지로 수치스러운 것이네. 그러한 사람은 돈 때문에 어느 누구에게나 어떠한 것도 봉사하는 자신의 성격을 드러낸 것으로 보이기에 그것은 아름답지 않다네. 똑같은 논리로 어떤 사람이 사랑하는 남성의 애정philia을 통하여 자신이 뛰어나게 되고자 좋게(뛰어나게) 보이는 그에게 (신체적인) 즐거움을 주었지만, 그가 나쁜 사람이고 미덕도 지니고 있지 못한 것이 밝혀졌기에 [185 b] 속는다고 하더라도, 그럼에도 이러한 속음은 아름답다네. 그도 역시 미덕을 위해서 그리고 뛰어나게 되기 위해서 어떤 사람을 위하여 어떤 것도 하고자 했던 그 자신의 성격(본성)을 보여준 것으로 보이기에, 그것은 모든 것 중에서 가장 아름다운 것이라네. 따라서 미덕을 위해서 모든 즐거움을 주는 것은 아주 아름다운 것이라네. 이것이 우라노스 여신의 에로스이고, 도시국가나 개인에서 하늘과 같고 커다란 가치가 있으며, 사랑하는 남성과 사랑받는 소년으로 하여금 [185 c] 미덕과 관련하여 그 자신에게 많은 관심을 두게 한다네. 하지만 그 밖의 모든 에로스들은 다른 여신인, 판데모스(속인의) 여신의 에로스라네.' 파우사니아

스가 말하기를, '파이드로스, 이것이 내가 에로스에 대하여 그대
에게 즉석에서 기여할 수 있는 것이라네.'

첫 번째 막간

   아리스토데모스가 전하기를, 파우사니아스가 (논의를) 마치자 –
훌륭한 논변가들이 나에게 이렇게 (음운) 균형 잡힌(대칭적인) 말을
하라고 가르치기에[23] – 아리스토파네스가 논의를 해야 했지만,
그는 과식이나 어떤 다른 것에 의하여 일어난 딸꾹질을 하게 되
어 그가 논의할 수 없었기에, [185 d] 그가 말하기를 – 그(아리스토
파네스)의 아래에 있는 침상에 의사인 에뤽시마코스가 기대어 누
워 있었네 – '에뤽시마코스, 자네는 내가 딸꾹질을 멈출 수 있게
해주거나 내가 딸꾹질이 멈출 때까지 나 대신에 논의를 해주면
좋겠네.' 에뤽시마코스는 말하길, '나는 그 두 가지를 다 하겠네.
나는 자네 대신 말하고 자네의 딸꾹질이 멈추면 자네는 나 대신
말하게나. 내가 말하는 동안에 자네가 오랫동안 숨을 참으면 딸
꾹질은 멈추려 할 것이네. 그래도 안되면 물로 입을 [185 e] 헹구
게나. 하지만 딸꾹질이 아주 심하면 코를 간질일 어떤 것을 잡아
서 재채기하게나. 이것을 한 두 번 하면, 그것이 아주 심하더라도
멈추게 될 것이네.' 아리스토파네스가 말하기를, '내가 그렇게
할 테니 자네는 논의하게나.'

에뤽시마코스의 논의

에뤽시마코스가 말하기를, '파우사니아스가 논의를 올바르게 시작하였지만 충분히 마무리하지 못하였기에, [186 a] 나는 그 논의를 반듯이 마무리 지어야 한다고 생각하네. 에로스가 이중적이라는 것을 그는 올바르게 구분한 것으로 보이네. 나의 지식인 의술 덕분에 나는 그 신이 아름다운 사람들과 관련된 인간의 영혼뿐만 아니라 그 밖에 온갖 것들과 관련되어 있고, 모든 동물의 신체나 흙에서 자라는 것들, 말하자면 현존하는 모든 것과 같은 그 밖의 것들에 있다는 것을, 그리고 [186 b] 그가 얼마나 위대하고 놀랄만하게 인간의 일 뿐만 아니라 신의 일과 관계된 모든 것에 (영향을) 미치는지를 살펴보았다고 생각하네. 나는 그 지식에 경의를 표하기 위하여 의술에서 시작하여 말하겠네. 신체의 본성은 그러한 이중적인 에로스를 지니고 있네. 신체의 건강과 질병은 (사람들이) 인정하듯이 다른 것이고 똑같지 않은 것이지만, (서로) 다른 것은 (서로) 다른 것들을 욕망하고 사랑한다네epithymei kai eraei. 건강에 있는 에로스는 질병에 있는 에로스와 다르다네. 이제까지 파우사니아스가 좋은 인간에게 (신체적인) 즐거움을 주는 것이 아름다운 것이고 [186 c] 음란한 인간에게 (신체적인) 즐거움을 주는 것이 수치스러운 것이라 말했듯이, 신체 그 자체에서도 신체 저마다에 있는 좋고 건강한 것(원소)에 즐거움을 주는 것이 아름다운 것이고 그것을 주어야 하고, 그리고 이것을 의술이라고 말하지만, 그러나 어느 누군가가 전문가가 되고자 한다면 나쁘고 병든 것에 즐거움을 주는 것은 수치스러운 것이고 그것에 즐거움을 주어서는 안 된다네. 논점을 말하자면 의술은 채움과 비움에 관련한 신체의 에로스적인 것들에 대한 지식이라네. 그러한 것들에서 아름다운 에로스와 수치스러운 에로스를 구분하는 사람이 [186 d] 가장 좋은 의사라네. 게다가 어떤 에로스 대신에 다른 에로스를 얻게 변화를 일으키고, 에로스가 없는 곳에 그것이 있어야 한다면 그것을 생기게 할 줄 알고, 에로스가 (없어야 하는 곳에) 있으면 그것을 제거할 줄 아는 사람이 좋은(훌륭한) 제작자(숙련가/demiourgos)라네. 그는 신체에서 서로 적대적인 것들을 친한 것들로 만들 수 있어야 하고, 서로 사랑하게 할 수 있어야 하네. 가장 적대적으로 대립적인 것(원소)들은 뜨거운 것에 대한 차가운 것, 달콤한 것에 대한 쓴 것, 젖은 것에 대한 마른 것과 같이 [186 e] 그러한 모든 것들이라네. 우리의 창시자(선조)인 아스클레피오스는, 시인들이 말하고 나 자신도 믿듯이, 그러한 것들에 에로스와 한마음 homonoia(일치)을 어떻게 넣는지를 알았기에 우리의 의술을 창시하였다네. 그렇기에 모든 의술은, 내가 말하듯이, 체육(운동)이나 농사와 같이 [187 a] 이 신이 지배하고 있다네. 아마도 헤라클레이토스가 그의 말로서는 올바르게 표현하지 못했지만 말하려 했듯이, 음악mousike이 이것들(의술이나 체육)과 똑같다는 것은 조금만 주의를 기울인 어떤 사람에게도 명확하다네. 그는 하나to hen/the One는

"그 자신과 상이하면서도 활이나 뤼라의 하모니아(조율)와 같이 그 자신과 일치한다"고 말했다네. 하모니아가 상이하다고 말하는 것이나 아직 상이한 것들에서 하모니아가 이루어진다고 말하는 것은 아주 불합리하다네. 아마 그는 이전에 높거나 낮아 [187 b] 상이한 것(음)들에서 음악의 기술techne에 의하여 나중에 합치하게 되어 (하모니아가) 나온다는 의미로 말하고자 했었네. 아마도 높거나 낮아 아직 상이한 것(음)들에서 하모니아가 나오기는 가능하지 않다네. 그 이유는 하모니아는 화음symphonia이고 화음은 어떤 합치homologia이기 때문이라네 – 상이한 것들이 (서로) 상이하는 한 그것들에서 합치가 나오기는 불가능하네. 이전에 상이한 빠른 것과 느린 것에서 나중에 합치하게 되어서 음률(리듬)이 나오듯이, [187 c] 합치되지 않고 상이한 것도 하모니아가 되기는 역시 불가능하네. 앞서 의술과 같이 여기에서 음악도 그러한 모든 것에 서로에 대한 에로스와 한마음을 넣어서 합치를 만든다네. 따라서 음악도 하모니아와 음률과 관련된 에로스적인 것들에 대한 지식이라네. 게다가 하모니아와 음률의 구조에서 에로스적인 것들을 분간하기는 어렵지도 않고, 여기에는 아직 이중적인 에로스도 있지 않다네. 하지만 [187 d] 가락 만들기라 부르는 것을 구성(작곡)하거나 교육이라 불리는 이미 만들어진 가락(곡조)이나 박자(운율)를 옳게 사용하거나 간에 인간과 관련하여 음률과 하모니아를 적용하여야 한다면, 여기에는 정말 어려운 것이 있고 그것은 좋은

(훌륭한) 제작자가 필요하다네. 똑같은 논의로 다시금 돌아왔네: 아직 질서를 지니지 않은 인간들이 더욱 질서 있게 될 수 있도록, 질서를 지닌(정연한) 인간들에게 즐거움을 주어야 하고, 그러한 인간들의 에로스를 소중히 지켜야 하네. 이것이 아름답고 하늘과 같은 우라노스(하늘)의 무사(뮤즈) 여신의 에로스라네. [187 e] 하지만 폴륌니아(많은 찬가의) 무사 여신의 판데모스(속인)의 에로스가 있네. 마치 우리의 의술에서 어떤 질병 없이 즐거움을 맛볼 수 있도록 (음식의) 요리에 대한 욕망을 올바르게 사용하는 것이 커다란 임무ergon인 것과 같이, 어떤 음란함도 심어 넣지 않고 그(에로스)의 즐거움을 맛볼 수 있게 하려면 그(에로스)를 적용할 사람들에게 주의를 기울여 그를 적용해야 하네. 음악과 의학에, 그리고 인간적이거나 신적이거나 그 밖의 모든 것에 될 수 있는 한 저마다의 에로스에 주의를 기울여야 하네: 여기에는 이중의 에로스가 있다네. [188 a] 한 해年의 계절의 구조도 이 두 에로스들로 가득차 있기에, 내가 지금 말했던 뜨거운 것 차가운 것 마른 것 젖은 것이 서로에 대하여 질서를 지닌(정연한) 에로스를 만나게 되어 절제된 하모니아와 혼합을 지니면, 인간과 그 밖의 동물과 식물에게 좋은 시절과 건강을 가져다주면서 오고 어떤 해도 끼치지 않네. 그러나 음란함을 지닌 에로스는 한 해年의 계절과 관련하여 더욱 강력해지기에, 온갖 것을 파괴하고 해를 끼친다네. [188 b] 재해(재앙)는 그러한 것들에서 생겨나기를 좋아하고, 짐승과 식물에 있는

그 밖의 온갖 다양한 질병도 그러하네. 서리나 싸락눈(우박)이나 (잎) 마름병은 이러한 에로스적인 것들의 서로에 대한 과다와 무질서에서 생긴다네. 천체(별)의 운행과 한 해의 계절에 관련한 에로스적인 것들에 대한 지식을 천문학이라 부른다네. 더욱이 모든 제례와 영매(예언자)가 주관하는 것들은 - 이러한 것들은 [188 c] 신과 인간의 서로에 대한 친교이네 - 어떤 다른 것이 아닌 에로스의 보호와 치유에 관련한다네. 모든 불경함은 어느 누군가 질서를 지닌 에로스에게 즐거움을 주지 않거나, 살아 있거나 죽은 어버이뿐 아니라 신과 관련된 모든 임무에서 그(에로스)가 아닌 다른 에로스를 존중하거나 존경하면 생겨나기를 좋아하네. 그렇기에 영매술은 사랑하는 사람들을 살펴보거나 치료하기 위해 선정된 것이고, [188 d] 더욱이 영매술은 공정함_themis_과 경건함_eusebeia_을 의도하는 인간에 있는 에로스적인 것들을 알기 때문에 신과 인간의 애정_philia_의 제작자(숙련가)라네.'

'에로스는 전체적으로 이렇게 많고 위대한, 더 정확히 묶어 말하면 모든 힘을 지니지만, 그러나 그는 인간(지상)과 신(천상)에 있는 좋은 것들과 관련된 지혜와 정의로서 실현되어 있고, 가장 커다란 힘을 지니고 우리에게 모든 행복을 준비해주고, 우리들로 하여금 우리들 서로서로와 그리고 우리들보다 강한 신들과 친밀하고 친우가 되게 한다네. [188 e] 그래서 나의 의도는 정말 아니지만, 나는 에로스에 대한 찬사를 하면서, 아마도 많은 것을 빠뜨렸다네. 하지만 어떤 것을 빠뜨렸다면, 아리스토파네스, 그것을 채우는 것은 자네의 임무라네. 그렇지 않고 자네가 에로스 신에 대하여 어떤 다른 방식으로 찬사를 하려 한다면 자네의 딸꾹질도 멈추었으니 찬사를 하게나.'

두 번째 막간

[189 a] 아리스토데모스가 전하기를, 아리스토파네스가 그 논의를 받아 말하기를 '딸꾹질은 확실히 멈추었지만, 하지만 그것에 재채기를 처방(적용)하기 전까지 멈추지 않았다네. 그래서 신체의 질서 지어진 것이 재채기와 같은 그러한 소음과 간지럼을 욕망한다epithymei는 것이 나를 놀라게 했다네. 딸꾹질에 재채기를 처방(적용)하자 그것은 곧바로 멈추었다네.' 에뤽시마코스가 말하기를, '좋은 친우인 아리스토파네스, 자네가 지금 무엇을 하는지 보게나. 자네는 말하려고 하면서도 익살을 부리고, 자네가 조용히 말하더라도 어떤 우스개를 말하고 있지 않는지 [189 b] 자네는 나로 하여금 자네 논의의 감시자가 되게 한다네.'

아리스토파네스가 웃으면서 말하기를, '에뤽시마코스, 자네가 옳다네. 내가 말한 것을 하지 않은 것으로 해주게. 하지만 나는 웃기는 것이 - 그것은 (나의) 장점이고 나의 무사 여신의 방식(습관)

이라네 - 결코 아닌 웃음거리가 되는 것을 말하게 될까 봐 말하려는 것에 두려움을 느끼니, 나를 감시하지 말게나.'

에뤽시마코스가 말하기를, '아리스토파네스, 자네는 (말을) 퍼부으면서 달아나려 생각하는군. 하지만 염두에 두게나. (자네의 논의에 대하여) 설명해야 한다는 것을 알고 논의하게나. [189 c] 하지만 아마도 내가 결정한다면 자네를 놓아줄 것이네.'

아리스토파네스의 논의

아리스토파네스가 말하기를, '에뤽시마코스, 사실 나는 자네와 파우사니아스가 말했던 것과 어떤 다른 방식으로 논의하고자 의도한다네. 내가 생각하기에 인간들은 에로스의 힘을 전혀 알지 못하는 것 같다네: 그들이 알고 있다면 그에 대한 가장 커다란 신전과 제단을 준비하여 가장 커다란 제례를 지내겠지만, 그리고 지금 그와 관련한 그러한 것들이 무엇보다도 있어야 하겠지만, 그러한 것들의 어떤 것도 생기지 않는다네. 그는 신들 중에서 인간을 가장 사랑하고, [189 d] 인간의 구조자이고, 치료되면 인류에게 가장 큰 행복을 가져다주는 질병의 의사라네. 그래서 나는 그의 힘을 그대들에게 설명하고자 하니, 그대들은 다른 사람들에게 가르치게나. 먼저 그대들은 인간의 본성(기원)과 그것이 겪은 것(수난)을 알아야 하네. 오래전 우리 인간의 본성은 지금 있는 것과 똑같지 않고 다른 것이었네. 먼저 인간은 지금과 같이 남성과 여성 둘이 아닌 세 가지 성性의 인간이 있었고, [189 e] 게다가 이 두 가지 성性을 모두 지닌, 지금은 그 이름만이 남아 있지만 그 자신은 사라진, 제삼(3)의 성을 지닌 인간이 있었다네. 지금은 욕설로만 그 이름이 남아 있고 존재하지 않는, 모습과 이름에서 남성과 여성 이 둘을 모두 지닌 남녀양성(남녀추니)인 하나의 성性이 그 당시에는 있었다네. 그 다음에 인간 저마다의 모습은 어떤 원형의 등과 옆구리를 지니어 전체적으로 둥글고, 네 개의 팔과 팔과 똑같은 수의 네 다리를 지니고, 원형의 목에 완전히 똑같은 두 개의 얼굴을 지녔었다네. [190 a] 서로 반대로 놓인 양쪽의 얼굴에 하나의 머리와 네 개의 귀와 두 개의 성기가 있고 그 밖의 모든 것은 이것들에서 추측할 수 있을 것이네. 그것은 지금과 같이 가고 싶으면 앞뒤로 어느 방향으로든지 똑바로 서서 걸었네. 그가 빠르게 달려야 할 때는, 마치 곡예사가 다리를 곧추세워 원을 그리며 몸을 굴리듯이, 여덟의 사지로 땅을 지지하면서 원을 그리듯 빨리 움직였다네. [190 b] 남성은 그의 기원에서 해의 자손이고 여성은 대지(흙)의 자손이고, 달이 남성과 여성을 공유하고, 그리고 이 두 가지 성을 모두 지닌 제삼(3)의 성은 달의 자손이기에, 이러한 이유로 이러한 세 가지 성이 있었다네. 그들 자체와 그들의 움직임은 그들의 어버이와 같기 때문에 원형의 모습이었네. 그들은 기운과 힘에서 무시무시했었고 거대한 야심을 지녔었

기에, 신들을 공격하고자 시도했었고, 그리고 호메로스가 에피알
토스와 오토스에 대하여 언급한 것은 신들을 공격하기 위하여 하
늘로 오르기를 시도했던 그들을 의미한다네.[24] [190 c] 그래서 제
우스와 그 밖의 신들은 그들에 대해 어떻게 해야 할 지 고심하였
지만 어찌할 바를 몰랐다네. 그들은 거인족들처럼 그 종족을 번
개로 쳐서 제거하듯이 죽일 수도 없었고 – 인간들에게서 그들이
얻는 숭배와 제물이 사라지기 때문에 – 오만방자하게 행동하도
록 놔둘 수도 없었다네. 마침내 제우스가 고심을 한 후에 말하기
를, "나는 인간들을 살려둘 수 있을 뿐만 아니라 저들을 약하게
만들어 이러한 오만방자함을 그만두게 할 어떤 계책이 있다고 생
각하네. [190 d] 지금", 그가 말하기를, "내가 저들 저마다를 두 쪽
으로 나누면, 저들은 더 약하게 될 뿐만 아니라 수적으로 많아지
기에 우리에게 훨씬 더 쓸모 있게 될 것이네. 그래서 저들은 두
다리로 똑바로 걸어야 할 것이네. 하지만 저들이 여전히 오만방
자하게 행동하고 조용하지 않으려 하다면 나는 다시", 그가 말하
기를, "저들을 두 쪽으로 나누어서 한쪽 발로 (깡충깡충) 뛰면서 걸
어 다니게 할 것이네." 이렇게 말하고 나서 마가목 열매를 말려
보존하려는 사람이 그것을 나누듯이 [190 e] 또는 알을 머리칼로
나누듯이 그는 인간을 두 쪽으로 나누었네. 그는 인간을 (반으로)
나누고, 인간이 자신의 잘린 면을 보고 더욱 질서를 지니게(정연하
게) 될 수 있도록, 아폴론에게 얼굴과 반쪽으로 된 목을 잘린 면으

로 돌리고 그 밖의 것들도 치료하라고 지시하였네. 아폴론은 얼굴을 돌렸고, 졸라매는 끈을 지닌 쌈지처럼 모든 곳의 피부를 지금은 배라고 불리는 곳으로 잡아당기어서 배의 가운데에 배꼽이라 말하는 하나의 입을 만들어 묶었다네. [191 a] 그리고 나서 그는 제화공이 (구두를 만드는) 골에 대고 가죽의 주름을 펴는 데 사용하는 것과 같은 어떤 그러한 도구를 갖고 그 밖의 많은 주름살을 펴서 가슴을 만들었다네. 하지만 그(아폴론)는 오래전의 수난에 대한 (잊지 못할) 기억이 될 수 있도록 배꼽 주위의 배 자체에 몇 개의 주름을 남겨두었네. 따라서 (인간의) 본성적 모습이 둘로 갈라졌기에 (인간) 저마다는 자신의 반쪽을 갈망하여 그것과 함께 있으려 하였고, 결합하기를 욕망하여 서로 팔로 부둥켜안고 얽혀 있고 서로에게서 떨어져 어떤 것도 하지 않으려 했기에, [191 b] 배고픔과 전반적인 게으름으로 죽게 되었다네. 그 반쪽들에서 어떤 것이 죽으면 그 나머지 반쪽은 남겨지게 되고, 그 남겨진 반쪽은 우리가 지금 여성으로 부르는 전체가 여성인 반쪽을 만나거나 전체가 남성인 반쪽을 만나거나, 어떤 다른 반쪽을 찾아 서로 얽히게 되었네. 그렇게 해서 그들은 죽어갔네. 제우스는 (그들을) 가엾이 여겨서 어떤 다른 계책을 마련하였고, 그래서 그들의 성기를 앞으로 옮겨 놓았다네. 그때까지 그들은 성기를 (얼굴 쪽이 아닌) 바깥쪽에 갖고 있어서 서로에게서 생성하여 낳지 않고 마치 매미와 같이 땅속에 생성하여 낳았다네. [191 c] 그래서 그는 남성이 여성을 만나 얽히게 되면 (남성이) 생성하여 자손이 생기게 될 뿐만 아니라 남성이 남성을 만나더라도 적어도 (성적인) 교접의 채움(만족)이 생겨서 (자신의 반쪽을 찾는 것에서) 쉬게 되어 그 밖의 일로 향하게 되어 어떤 다른 삶에 관심을 두게 하기 위한 목적으로, 성기를 앞으로 옮겼고 그것에 의해서 서로에게서, 남성에 의해 여성에게서, 생성이 있게 만들었네. 그렇게 아주 오래전부터 [191 d] 서로에 대한 에로스(사랑)는 인간에게 타고난 것이고, 둘에서 하나를 만들고 인간의 본성을 치유하고자 하는 원래의 본성을 결합시키려는 이라네. 우리들 저마다는, 넙치처럼 하나에서 둘로 나뉜 인간의 부신(符信, 신표)이라네. 그래서 저마다는 언제나 그 자신의 부신(신표)을 찾는다네. 그 시기에 남녀양성으로 불렸던 두 가지의 성을 모두 지닌 것에서 나뉜 조각인 그러한 남성들은 여성 선호자들이고, 간통한 남성들의 대부분이 이러한 성에서 나오고, [191 e] 남성 선호의 여성들과 간통녀들도 마찬가지로 그러한 성에서 나온다네. 여성에서 나뉜 조각인 그러한 여성들은 남성들에 전혀 마음을 기울이지 않고 오히려 여성들로 (마음이) 향해있고, 여성 동성애자들이 이러한 성에서 나왔다네. 남성에서 나뉜 조각인 그러한 남성들은 남성의 조각들을 추구하고, 그들이 소년들로 있는 한, 남성에서 나뉜 것으로서 남성들에게 애정philia을 지니고 남성들과 함께 기대어 누워서 얽혀 있기를 즐기고, [192 a] 게다가 이들은 본성적으로 가장 남성적이기 때문에 소년들과 젊은이들 중에서 가장 뛰어나다네. 하지만 어떤 사람들은 그들이 수치스러움이 없는 사람들이라고 거짓으로 말한다네. 그들은 자신들과 똑같은 것을 반기기에(껴안기에) 이러한 것을 수치스러움이 없는 것이 아닌 대담함과 용기와 남성다움(어기참)으로 한다네. 이것에 대한 커다란 증거가 있네. 오직 그러한 사람들이 성년이 되면 정치를 하는 남성들로 드러날 것이네. [192 b] 그들이 성년이 되면 소년을 사랑하는 남성들이 되이 본성적으로 결혼과 자손 낳기에 관심을 기울이지는 않지만, 노모스에 의하여 할 수 없이 하게 될 것이네. 하지만 그들은 결혼하지 않고 서로 함께 사는 것에 만족한다네. 그러한 사람은 항상 자신과 똑같은 성을 반기기에 전적으로 소년을 사랑하는 남성paiderastes이 되고 사랑하는 남성에게 애정을 지닌 사람philerastes이 된다네. 소년을 사랑하는 남성이나 모든 그러한 사람이 바로 그 자신의 반쪽을 만난다면, 그때 그들은 애정과 [192 c] 친밀함과 에로스에 놀랄 정도로 압도되어 사실상 서로에게서 한순간도 떨어지려 하지 않을 것이네. 이러한 사람들은 서로에게서 자신들을 위하여 무엇을 원하는지 말할 수 없지만, 일생을 서로 함께 하려는 사람들이라네. 어떤 한 사람이 그렇게 커다란 열정을 갖고 다른 한 사람과 함께 있으면서 즐거워하는 이러한 것의 목적이 어느 누구에게도 성적인 교접性交으로 보이지 않는다네. 하지만 그들 저마다의 영혼은 [192 d] 어떤 다른 것을 원하는 것이 분명하지만 그것을 표현할 수 없고, 원하는 것을 예측하고 암시한다네. 만일 헤파이스토스가 (자신의) 도구를 지니고 한 곳에 기대어 누워있는 그들 곁에 서서 "인간들아, 너희들은 너희들을 위하여 서로에게서 무엇을 원하느냐?"고 묻는다면, [192 e] 그러고 나서 그가 혼란스러워하는 그들에게 다시 묻는다면, "너희들은 밤이나 낮이나 서로 떨어지지 않기 위하여, 되도록 서로 함께 있게 되는 이것을 욕망하느냐? 너희들이 이것을 욕망한다면, 너희들이 사는 동안에 너희들은 둘에서 하나로 되어 하나로서 둘이 함께 살다가, 너희들이 죽으면 거기 하데스에서도 다시금 둘 대신에 하나로 함께 죽어 있게 너희들을 하나로 용접하여 녹이고자 한다. 하지만 너희들이 이것(하나로 되는 것)을 사랑하는지, 더구나 이것을 얻으면 너희들이 만족할지 잘 살펴보아라." 이러한 말을 듣고 어느 한 사람도 이것을 거부하거나 어떤 다른 것을 원하고 있는 것으로 보이지 않는다는 것을 우리는 알고 있고, 그는 사랑받는 소년과 함께 만나 용접되어 둘에서 하나가 되는 것을 그가 언제나 욕망했던 것을 들었다고 전적으로 생각할 것을 우리는 알고 있다네. 그 이유는 이것이 우리의 원래의 본성이고, 우리가 전체로 있었기 때문이라네. 에로스라는 이름은 전체에 대한 욕망과 추구에 있다네. [193 a] 내가 말했듯이 이전에 우리는 하나였지만 마치 아르카디아 사람들이 라케다이몬(스파르타) 사람들에 의해 그렇게 되듯이 우리의 불의로 인하여 지금은 신에 의해 나뉘었다네.[25] 그래서 우리가 질서를 지니고 신

들을 대하지 못하면 다시금 반으로 갈라져서, 반으로 나뉜 주사
위 신표처럼 코를 따라 반으로 길게 잘린 묘비에 얕은 돋을새김
으로 새겨진 부조들처럼 돌아다니게 될지 걱정이 된다네. 하지만
이렇기 때문에 에로스가 우리의 지도자이고 지휘관이기에 어떤
것(불운)을 피하고 어떤 것(행운)을 만나게 되도록 모든 사람이 모
든 것에서 신들에게 [193 b] 경건해야 한다고 권고하여야 하네.
어느 누구도 그에게 거슬러 행동하지 못하게 하게나 – 신들에게
거슬러 행동하는 누구든지 증오를 야기한다네. 우리가 그 신과
친우가 되고 화해를 한다면, 지금은 아주 적은 수의 사람들만 할
수 있는, 우리 자신들의 미동들을 발견하고 만나게 될 것이네. 내
가 파우시니아스와 아가톤을 언급한다고 해서,[26] 에뤽시마코스
는 나의 논의를 희극으로 만들어 나에게 앙갚음하지 말게나. [193
c] 그들 자신들은 아마도 그러한 사람들에 속하고 그 두 사람은
본성적으로 남성이라네. 나는 남성과 여성 모두에 대해서도 우리
가 원래의 본성으로 되돌아가서 에로스를 성취하고 우리 저마다
가 자신의 미동을 만나면 우리 인류가 행복하게 될 것이라는 말
을 한다네. 이것이 가장 좋은 것이라면, 여기에 지금 있는 것들
중에서 이것과 가장 가까운 것이 필연적으로 가장 좋은 것이네.
이것은 자신의 성격에 본성적으로 맞는(반기는) 미동을 얻는 것이
네. 신이 이것의 원인이라고 우리가 찬사를 한다면, [193 d] 그리
고 신들에게 경건함을 지니면 그(에로스)는 우리들을 원래의 본성

으로 되돌리고 치료하면서 축복받게 하고 행복하게 만들기에, 우리를 우리 자신의 것으로 이끌어 지금 우리에게 가장 커다란 이득을 줄 뿐만 아니라 미래에 대한 아주 거대한 희망을 주는 에로스에 대하여 정당하게 찬사를 하는 것이라네.'

세 번째 막간

아리스토파네스가 말하기를, '에뤽시마코스, 이것이 자네의 논의와 다른 에로스에 대한 나의 논의라네. 내가 자네에게 요청했듯이, 남은 사람들 저마다가 무엇을 말하는지, 더 정확하게 저 두 사람 저마다가 무엇을 말하는지 들어보아야 하니 [193 e] 나의 논의를 희극으로 만들지 말게나. 아가톤과 소크라테스가 남아 있다네.'

아리스토데모스가 전하기를, 에뤽시마코스가 말하기를 '나는 그대를 따를 것이네. 사실 나는 그대의 논의를 즐겁게 들었다네. 에로스적인 것들에 대하여 놀라울 만큼 아는 소크라테스와 아가톤을 알지 못했다면, 온갖 많은 것이 논의되었기에 그들이 논의하는데 어찌할 바를 모를 것이라 나는 걱정을 많이 했을 것이네. 하지만 지금 나는 확신한다네.'

[194 a] 그런데 소크라테스가 말하기를, '에뤽시마코스, 자네

자신은 멋지게 겨루었네. 자네가 지금 나의 입장이라면, 정확히 말하면 아가톤이 논의를 잘하기 때문에 나의 입장이 된다면, 지금의 나처럼 걱정할 것이고 아주 절망적일 것일세.'

아가톤이 말하기를, '소크라테스, 그대는 나에게 마법을 걸어서 내가 논의를 잘할 것이라는 관객의 커다란 기대를 의식하게 하여 (나를) 혼란에 빠지도록 의도하고 있다네.'

소크라테스가 말하기를, [194 b] '아가톤, 나는 자네가 배우들과 함께 연단에 올라가 그렇게 많은 관객을 응시하면서도 조금도 위축되지 않고 자네의 작품을 보여주고자 했던 자네의 용기와 자신감을 보았는데, 지금 내가 적은 수의 우리들 때문에 자네가 혼란에 빠질 것으로 생각하고 있다면, 나는 건망증이 아주 많은 사람이라네.'

'소크라테스, 무슨 말인가?', 아가톤이 말하기를, '이지적인 사람에게는 적은 수의 지각 있는 사람들이 다수의 어리석은 사람들보다 더 두렵다는 것을 알지 못할 정도로 내가 극장(관객)에 대한 생각으로 가득 차있다고 생각하진 않는가?'

[194 c] 소크라테스가 말하기를, '아가톤, 내가 자네를 교양이

없다고 생각했다면 그것은 확실히 잘못한 것이네. 하지만 나는 자네가 지혜롭다고 생각하는 사람들을 만나면 일반 대중보다 그들에게 더욱 마음을 쓴다는 것을 잘 알고 있네. 하지만 우리도 역시 거기(극장)에 있던 사람들이고 일반 대중으로 있었기에, 우리들은 아마도 그러한 사람들이 아니라네. 자네가 어떤 지혜로운 사람들을 만나서 어쩌면 수치스러운 짓을 했다고 생각한다면, 자네는 그들에 대해 즉시 수치스러움을 느낄 것이네. 그렇지 않은가?'

그(아가톤)가 말하기를, '그대의 말이 사실이라네'

[194 d] '그대가 어떤 수치스러운 짓을 했다고 생각한다면 많은 사람들 앞에서 수치스럽지 않겠는가?'

아리스토데모스가 전하기를, 파이드로스가 끼어들며 말하기를, '친애하는 아가톤, 그대가 소크라테스에게 답변한다면, 그가 어느 누구와, 특히 아름다운 사람과 함께 대화하기만 하면, 그에게는 여기에서 하는 것들의 어떤 것이 어떻게 되더라도 전혀 문제가 되지 않을 걸세. 나 자신은 소크라테스가 대화하는 것을 즐겁게 듣지만, 그러나 나는 에로스에 대한 찬사에 관심을 둬야 하고 자네들 저마다에게서 그 논의를 거두어들여야 하네. 그러니

자네들 저마다는 그 신에게 (그 논의를) 헌정하고 나서 대화를 하도
록 하게나.'

  [194 e] 아가톤이 말하기를, '파이드로스, 자네 말이 맞네. 어떤
것도 내가 할 논의를 방해하지 못한다네. 소크라테스는 다음에
자주 대화할 수 있을 걸세.'

아가톤의 논의

  '나는 먼저 내가 어떻게 말해야 할지를 말하고, 그러고 나서 말
하겠네. 앞서 논의한 사람들 모두는 그 신에 대한 찬사를 하지 않
고, 그 신에게서 비롯된 좋은 것(은전)을 지닌 인간을 축하하는 것
으로 보인다네. 어느 누구도 그가 어떠한 신이기에 [195 a] 그것
을 주었는지 언급하지 않았다네. 모든 것에 대한 모든 찬사에서
하나의 올바른 방식은 논의의 대상에 대하여 그것이 어떠한 것들
의 어떤 원인aitios인 지를 논의에 의하여 상세하게 설명하는 것이
라네. 그렇기에 우리들은 먼저 에로스 자신이 어떠한 신인지에
대한 찬사를 하고 나서, 그 다음에 (그가 준) 선물에 대한 찬사를 하
는 것이 옳다네. 적법하고 신의 분노를 야기하지 않게 말하자면,
모든 신들이 행복하지만 나 자신은 에로스가 그들 중에서 가장
아름답고 가장 뛰어나기에, 가장 행복한 신이라고 단언하네. 그
는 다음과 같이 가장 아름답다네. 파이드로스, 먼저 그는 신들 중

에서 가장 어리다네. [195 b] 그는 확실하게 빠른 어떤 것인 늙어 감(나이 먹음)으로부터 도망치면서 달아나기에, 그 자신은 나의 논의에 커다란 증거를 주네. 여하튼 그것은 그것(늙어감)이 오게 되는 것보다 훨씬 빠르게 우리에게 온다네. 에로스는 그것(늙어감)을 본성적으로 싫어하고 가까이 가지 않으려 하네. 그는 언제나 젊은이(젊음)와 함께하기에 그는 젊다네. 똑같은 것은 언제나 똑같은 것으로 다가가듯이, 오래된 말(격언)이 옳다네. 그 밖의 많은 논점에 파이드로스와 동의하지만, 나는 에로스가 크로노스와 이아페토스보다 훨씬 오래되었다는 논점에는 동의하지 못하네.[27] [195 c] 나는 그가 신들 중에서 가장 어리고 항상 젊다고 선언하고, 그리고 헤시오도스와 파르메니데스가 사실을 말했다면, 나는 그들이 언급한 신들에 대한 오래된 사건은 에로스가 아니라 필연(아낭케/Anagke)에 의해 생겨났다고 선언하네. 에로스도 그 신들과 있었다면, 서로의 성기(신체) 절단이나 포박이나 그 밖의 온갖 폭력적인 행위가 일어나지 않았을 것이고, 에로스가 신들을 지배했던 시기 이래 지금과 같이 애정과 평화가 있었을 것이네. 그렇게 그는 젊고 그의 젊음과 더불어 섬세하다네. 그는 [195 d] 신으로서 자신의 섬세함을 보여주기 위해서 호메로스와 같은 시인이 필요하다네. 호메로스는 아테(미망/ Ate)가[28] 신이고 섬세하다고 – 그녀(아테)의 발이 어쨌든 섬세하다고 – 다음과 같이 이야기하며 말했네:

그녀의 발은 섬세하다네: 땅 위로 그녀는 접근하지 않고, 남성의 머리 위로 걷는다네.[29]

그녀가 단단한 것이 아닌 부드러운 것 위로 걷는다는 그녀의 섬세함을 보여주는 (호메로스의) 증거는 아름답다고 생각하네. 에로스가 섬세하다는 것에 대해서도 [195 e] 우리는 똑같은 증거를 사용할 수 있네. 그는 정말 부드럽지 못한 땅 위나 정수리(머리) 위로 걷지 않고, 가장 부드러운 것들 위로 걷고 머문다네. 그는 신과 인간의 성격과 영혼을 거처로 삼지만, 그러나 모든 영혼을 잇따라서 거처로 삼지 않고, 단단한 성격을 지닌 영혼을 만나면 도망치고 부드러운 성격을 지닌 영혼을 만나면 머문다네. 그렇기에 그는 가장 부드러운 것들 중에서도 가장 부드러운 것들에 발 뿐만 아니라 모든 것을 사용하여 항상 달라붙어 있기에 필연적으로 [196 a] 가장 섬세하다네. 그는 가장 젊고 가장 섬세하고, 이것들 이외의 모습에서도 나긋나긋하다네(물과 같다네). 그가 단단하다면 그는 우리를 완전히 에워싸지 못할 것이고, 아무도 모르게 모든 영혼으로 먼저 들어가고 나서 나올 수 없을 걸세. 그의 균형 잡히고 나긋나긋한 모습에 대한 커다란 증거는 에로스가 특별하게 지녔다고 모든 사람이 동의하는 그의 우아함(단아함)이라네. 우아하지 못함과 에로스는 항시 서로 전쟁 중이라네. 꽃에서 생활하는 그 신은 살결의 아름다움을 보여준다네. 그 이유는 꽃이 없거나 꽃이 진 신체나 영혼이나 어떤 그러한 다른 것에서 [196 b] 그는 자리를 잡지 않지만, 꽃이 활짝 피고 향기로운 장소가 있는 곳에 자리를 잡고 머물기 때문이라네.'

　'에로스 신의 아름다움에 대해서 아직 많은 것이 남아 있지만 이것으로 충분하네. 이것 다음에 에로스의 미덕(아레테)에 대하여 논의하여야 하네. 가장 중요한 것은 에로스는 인간이나 신에게 어떤 잘못(해)을 하지도 않고 인간이나 신에게서 어떤 잘못(해)을 당하지도(겪지도) 않는다네. 그가 어떤 것을 당하더라도 강제력에 의해 당하지 않는다네 – 강제력은 에로스에 닿지 못한다네. [196 c] 모두가 모든 것에서 에로스를 기꺼이 섬기기에 그는 어떤 것을 하더라도 강제력에 의해서 하지 않는다네. "도시국가의 왕인 법" 은 이편과 저편 모두가 기꺼이 동의한 것을 정의롭다고 선언하 네. 정의dikaiosyne와 더불어 그는 충분한 절제sophrosyne를 지닌다네. 절제가 즐거움이나 욕망을 지배하고, 어떤 즐거움도 에로스보다 강하지 못하다고 동의한다네(인정한다네). 하지만 그것들(즐거움과 욕망)이 (에로스보다) 약하다면 그것들은 에로스에 지배될 것이고 에 로스는 그것들을 지배할 것이네. 에로스가 즐거움과 욕망을 지배 한다면 그는 뛰어나게 절제를 지닐 걸세. [196 d] 더욱이 용기 andreia에서도 에로스에게 "아레스조차도 맞서지 못한다네." 아레 스는 에로스를 사로잡지 못했으나 에로스는, 전하는 말로는 아프

로디테에 대한 에로스(사랑)는 아레스를 사로잡았다네.[30] 사로잡

는 신이 사로잡히는 신보다 강하다네. 어떤 다른 신들 중에서 가

장 용감한 신을 지배하는 신은 모든 용감한 신들 중에서 가장 용

감할 것이네. 그 신의 정의와 절제와 용기에 대하여 말하였기에,

지혜에 대하여 남아 있다네. 나는 가능한 한 빠뜨리지 않으려 하

네. 무엇보다 먼저, 에뤽시마코스가 [196 e] 그의 의술을 존중하

듯이 내가 우리의 기술(문예)을 존중하고자 한다면, 그 신은 시인

(만드는 이)이기에 다른 사람도 시인으로 만드는 지혜로운 신이라

네. 에로스가 닿는 사람은 "이전에 무사(문예)에 낯선 사람이라도"

어느 누구나 시인이 된다네. 이러한 것은, 중요한 점을 말하자면,

에로스가 음악(문예)과 관련된 모든 창작(생성)에서 좋은(훌륭한) 시

인이라는 증거로 사용하는데 적절하네. 어느 누구도 갖고 있지

않거나 알지 못하는 것을 다른 사람에게 줄 수도 없고 어느 누구

도 가르칠 수 없다네. 게다가 [197 a] 살아 있는 모든 것(생물)의 생

성(poiesis/만듦)에서도 에로스의 지혜에 의하여 살아 있는 모든 것이

생겨나고 생성된다는 것을 어느 누가 반박할 수 있겠는가? 하지

만 기술에 의한 제작에 대해서 그 신을 스승으로 삼은 사람은 저

명하고 눈에 띄게 되지만, 에로스가 닿지 않는 사람은 어둠 속에

있다는 것을 우리가 알지 못하는가? 욕망과 에로스(사랑)가 아폴

론 신을 지도하였기에 그는 [197 b] 궁술과 의술과 예지를 고안하

였고, 그래서 그도 역시 에로스의 제자가 될 것일세. 마찬가지로

예술(음악)에서 무사Mousa 여신들, 금속가공에서 헤파이스토스 신, 직조에서 아테나 여신, 신과 인간의 관리(통치)에서 제우스 신도 그러하다네. 그렇기 때문에 신들 사이에서 에로스가, 명확하게는 아름다운 것에 대한 에로스가 – 수치스러운 것에는 에로스가 없기 때문에 – 생성된 이후에 신들의 직무가 성립되었다네. 그 이전에는, 내가 처음에 말했듯이, 필연(아낭케)의 지배에 의하여 온갖 무시무시한(끔찍한) 일이 일어났었다고 전해진다네. 그 신이 생성되고 나서, 아름다운 것에 대한 사랑으로 말미암아 신들과 인간들에게 온갖 좋은 것들이 생겨났다네.'

[197 c] '파이드로스, 이렇게 에로스는 먼저 가장 아름답고 가장 뛰어나며, 이것 이외에 다른 사람들에게 있어서 그러한 다른 것들의 원인으로 보인다네. 시(운문)로서 표현해야 할 어떤 것이 나에게 떠오르네. 그는 "인간에 평화를, 너른 바다에 바람이 멈춘 고요함을, 바람에 진정을, 그리고 슬픔에 잠을" 만드는 신이라네.'

[197 d] '그는 우리의 소외감을 비우고 친밀함을 채워주며, 축제나 합창 가무단(코로스)이나 제례를 주관하면서, 우리들과 같은 모든 그러한 모임에서 우리를 함께 모이게 하네. 그는 관대함(부드러움)을 제공하고 거침(험악함)을 추방하며, 선의를 주려 하고 악

의를 주지 않으려고 하며, 자비롭고 선하며, 지혜로운 사람에게
보이고 신들의 찬사를 받으며, 그를 갖고 있지 못한 사람은 그를
선망하고 (그를) 가진 사람은 그를 소중하게 여기며, 사치와 고상
함과 미묘함과 은혜와 열망과 동경의 아버지이며, 좋은 것을 돌
보고 나쁜 것을 돌보지 않으며, 괴로움과 공포와 동경과 논의에
서 가장 훌륭한 키잡이이고 [197 e] 방어자이고 전우이고 구조자
이고, 모든 신과 인간이 꾸밈새이고, 가장 아름답고 가장 좋은(훌
륭한) 지도자(길라잡이)이고, 모든 사람은 그가 모든 신과 인간의 마
음을 매혹하며 부르는 노래를 나눠 가지면서, 그를 아름답게 예
찬(찬송)하며 따라야 하네.'

그(아가톤)가 말하기를, '파이드로스, 내가 할 수 있는 한, 한편
으로는 장난삼아 한편으로는 적절한 진지함으로 섞은 이러한 나
의 논의를 그 신에게 헌정하도록 해주게.'

네 번째 막간

[198 a] 아가톤이 말을 마치자, 아리스토데모스가 말하기를, 참
석한 모든 사람들이 그 젊은이가 자기 자신과 신에 대하여 적절
하게 말했기에 커다란 박수를 쳤다네. 그때 소크라테스가 에뤽시
마코스를 응시하며 말하기를, '아쿠메노스의 자제여', 그가 말하
기를, '그대는 내가 이전에 두려워할 필요가 없는 두려움을 두려

워했다고 생각하는가? 게다가 아가톤은 논의를 무시무시하게 잘
할 것이고, 나는 어찌할 바를 모를 것이라고 내가 지금 말했던 것
을 내가 (아까) 말했을 때, 그대는 내가 예언자처럼 말한다고 생각
하지 못했는가?'

에뤽시마코스가 말하기를, '아가톤이 논의를 잘한다는 것은
그대가 예언자처럼 말했다고 생각하네. 그러나 그대가 어찌할 바
를 모른다는 것은 그렇게 생각하지 않네.'

[198 b] 소크라테스가 말하기를, '친우여, 그렇게 아름답고 가
지각색의 논의가 말해지고 난 다음에 말하려는 나 자신이나 어떤
다른 사람이 어떻게 어찌할 바를 모르지 않을 수 있겠는가? 그 나
머지는 아주 그렇게 놀랍지 않지만, 마지막에 있는 용어와 문구
의 아름다움을 듣고서 누가 아연하지 않을 수 있겠는가? 나 자신
은 그것과 비슷한 아름다운 논의를 할 수 없다는 것을 의식하고
있기에, 어디 (갈 곳이) 있다면, 수치심에 겨워 [198 c] 거의 도망치
듯이 달아났을 것이네. 그 논의는 나로 하여금 고르기아스를 상
기시켜서 정말로 호메로스의 묘사를 느끼게 한다네. 아가톤이 나
의 논의에 대항하여 마지막에 그의 논의에서 무시무시하게 말을
잘하는 고르기아스의 머리를 내게 보내어 나 자신을 돌로 만들어
말을 못하게 할까 봐 두려웠다네.[31] 실제로는 어떠한 찬사를 어떻

게 해야 하는가의 문제에 대하여 아무 것도 알지 못하면서 내가 자네들과 함께 [198 d] 차례로 그 신에 대한 찬사를 하는데 동의하여 에로스적인 것들을 아주 잘 안다고 말했을 때, 나는 그때에 내가 얼마나 어리석었는지 인지했다네. 사실 나는 어리석음으로 인하여 찬사를 하여야 하는 어떤 것에 대하여 사실을 말해야 하고, 그래서 이것(사실을 말하는 것)을 근거로, 이러한 것에서 가장 아름다운 것들을 가려내어 가능한 한 가장 멋지게 편집할 수 있다고 생각했다네. 어떤 무엇인가에 대한 찬사를 하는 사실을 알고 있었기에 나는 논의를 잘할 것이라는 아주 고상한 생각을 했다네. 하지만 실제로는 그것이 어떤 무엇인가에 대하여 올바르게 찬사를 하는 것으로 보이지 않고, 사실이거나 그렇지 않거나에 상관없이, 문제가 되는 것을 [198 e] 가능한 한 가장 위대하고 가장 아름답게 서술하는 것이라네. 그것이 거짓이라도 문제가 되지 않는다네. (우리가) 앞서 제안한 것은 우리들 저마다가 그 신에 대하여 (실제로) 찬사를 하는 것이 아니라, 그 신에 대하여 찬사를 하는 모습을 보이는 것으로 생각된다네. 그렇기 때문에', 내가 생각하기에, '자네는 온갖 말(미사여구)을 동원하며 에로스를 서술하고 그가 어떠한 신이고 그렇게 많은 것의 원인이라고 말했기에, 그를 아는 사람에게는 확실히 그렇지 않지만, [199 a] 그를 알지 못하는 사람에게는 그가 분명히 가장 아름답고 가장 좋게(뛰어나게) 보일 것이고 그 찬사가 아름답고 숭고하다고 보일 것이네. 그런데 실제로 나는 그러한 찬사의 방식을 알지 못했고, 알지 못하면서도 내 차례가 되면 그 신에 대한 찬사를 하겠다고 그대들에게 동의했다네. "(나의) 혀는 떠맡았지만, (나의) 마음은 아니었네."[32] 그것은 생각하지 마세. 그렇지만 나는 그러한 방식으로 찬사를 할 수 없다네. 사실 나는 할 수 없다네. [199 b] 그대들이 원하면, 나는 웃음거리가 되지 않기 위해서 그대들의 논의와 견주지 않고 내 방식에 따라서 사실만을 말할 것일세. 그러니 파이드로스, 자네가 그러한 논의를 원하는지, 나에게 생각나게 된 어떤 용어와 문구의 체계로 된 에로스에 관해 말해진 사실을 듣고 싶은지, 잘 보게나.'

소크라테스와 아가톤의 논쟁

아리스토데모스가 말하기를, 파이드로스와 그 밖의 사람들은 소크라테스 자신이 하고자 하는 방식으로 말하게 시켰다네.

소크라테스가 말하기를, '파이드로스, 아가톤에게 조그만 문제들을 물을 수 있도록 허락해주게나. 그래서 그의 동의를 얻고 난 다음에 바로 나의 논의를 시작하겠네.'

[199 c] 파이드로스가 말하기를, '허락하네. 묻게나.' 그 다음에, 아리스토데모스가 말하기를, 소크라테스는 이렇게 시작했다네.

'그런데, 친애하는 아가톤, 자네는 먼저 에로스가 어떠한 신인지를 보여주어야 하고, 그러고 나서 그의 행위(작용)를 보여주어야 한다고 말하면서, 그에 대한 논의를 아름답게 시작했다고 보았네. 나는 그러한 시작에 매우 감탄한다네. 자 그러면 에로스가 어떠한 신인지 그 밖의 것에 대하여 자네는 적절하고 장엄하게 설명하였기에 에로스와 관련하여 이것을 나에게 말해보게나. [199 d] 에로스는 어떤 것의 에로스와 같은 그러한 것인가 또는 아무 것도 아닌 것의 에로스인가? 나는 어떤 어머니에 대한 에로스인지 어떤 아버지에 대한 에로스인지를 묻는 게 아니라네. 에로스가 어머니나 아버지에 대한 에로스라면 그 질문이 얼마나 웃기겠는가? 마치 내가 아버지라는 바로 이것을 묻는다면, 아버지는 어떤 사람의 아버지인가 아닌가? 자네가 올바르게 답변하고자 한다면, 자네는 나에게 실제로 아버지는 아들이나 딸의 아버지라고 말할 것이네. 그렇지 않은가?'

아가톤은 말하기를, '정말 그렇다네.'

'그러면 어머니도 그러한가?' 그는 이것에도 동의했네.

[199 e] 소크라테스가 말하기를, '그러면 내가 의미하는 것을 자네가 더 알고자 한다면 조금 더 답변을 해주게나. 내가 이것을

자네에게 묻는다면 어떠한가?: 형제는 무엇인가? 형제라는 바로
이것은 어떤 사람의 형제인가 아닌가?' 그는 그렇다고 답했네.

'형제나 자매의 형제인가?' 그가 동의하였네.

소크라테스가 말하기를, '그렇다면 에로스(사랑)에 대하여 말해
보게나. 에로스(사랑)는 아무것도 아닌 것에 대한 에로스인가 아니
면 어떤 것에 대한 에로스인가?'

'확실히 어떤 것에 대한 에로스라네.'

[200 a] 소크라테스가 말하기를, '그렇다면 '무엇에 대한(무엇에
대한 에로스)을 기억하면서 그것을 마음에 새기게나. 그러면 이것을
말해보게. 에로스는 그가 사랑하는 것을 욕망하는가 하지 않는
가?'

아가톤은 말하기를, '확실히 그렇다네.'

'어떤 사람이 욕망하고 사랑하는 것은 그가 그것을 갖고 있어
서 욕망하고 사랑하는가? 아니면 그가 그것을 갖고 있지 않아서
그것을 욕망하고 사랑하는가?'

아가톤은 말하기를, '아마도 그가 그것을 갖고 있지 않아서 그런 것 같네.'

소크라테스가 말하기를, '그 "아마도"란 말 대신에, 욕망하는 것이 (그것에) 없는 것을 욕망하는지 혹은 (그것에) 없는 것이 아니면, 욕망하지 않는지 이렇게 필연적으로 살펴보게나? 아가톤, [200 b] 이것은 나에게 놀랍게도 필연적으로 보이네. 자네는 어떤가?'

그(아가톤)가 말하기를, '나에게도 그렇게 보이네.'
'잘 말하였네. 그렇다면 어떤 사람이 크다면 크게 되기를 원하고, 혹은 강하면 강하게 되기를 원하는가?'

'우리가 동의한 것으로는 가능하지 않다네.'

'그 사람은 그러한 것들이 없지 않을 걸세.'

'사실이라네.'

소크라테스가 말하기를, '어떤 강한 사람이 강하게 되기를 원하고, 어떤 빠른 사람이 빨라지기를 원하고, 어떤 건강한 사람이 건강하여지기를 원한다면 – 이러한 것들과 그러한 모든 것들에서 아마도 어느 누군가는 그러한 사람들과 이런 것들을 갖고 있는 [200 d] 사람들이 그들이 갖고 있는 바로 그것들을 욕망한다고 생각할 것이네 (우리가 속지 않기 위해서 이것을 나는 말하네) 아가톤, 자네가 그것에 대하여 생각한다면 그러한 사람들은, 그들이 원하든 원하지 않든, 그들이 갖고 있는 것들 저마다를 지금 갖고 있는 것이 필연적이라네. 그러면 누가 그것을 욕망할 수 있는가? 어느 누군가 "나는 건강한데 건강하기를 원하고, 나는 부자인데 부자이기를 원하고, 내가 갖고 있는 것을 욕망한다고" 말할 때, 우리는 그에게 "친우여, 자네는 [200 d] 부와 건강과 강함을 이미 갖고 있으면서, 자네가 원하든 원하지 않든 지금 그것들을 갖고 있기에, 앞으로도 그런 것들을 갖고 있으려 하는군"이라고 말할 것이네. 자네가 "나는 지금 (나에게) 있는 것을 원한다"고 말할 때 자네는 "나는 지금 (나에게) 있는 것이 앞으로도 (나에게) 있게 되기를 원한다"는 이러한 의미 이외에 어떤 다른 것을 말하는지 살펴보게나. 그는 이것에 동의하지 않겠는가?' 아리스토데모스가 말하기를 아가톤은 동의했네.

소크라테스가 말하기를, '그렇기에 이것은 그에게 아직 없고 그가 아직 갖고 있지 않은 것, 말하자면 이러한 것들이 앞으로도 보존되어 그에게 있는 것에 대한 에로스(사랑/eran)라네.'

[200 e] '확실히 그렇다네.'

'그 사람 뿐만 아니라 그 밖에 모든 욕망하는 사람은 그가 갖고 있지 않고 그에게 없는 것을 욕망하고, 그가 갖고 있지 않은 것, 그 자신이 아닌 것, 그에게 없는 것, 그러한 것들이 욕망epithymia과 에로스eros의 대상이 아닌가?'

아가톤이 말하기를, '확실히 그렇다네.'

소크라테스가 말하기를, '자 지금까지 말한 것을 정리하세. 먼저 에로스는 어떤 것들에 대한 것이고, 그러고 나서 에로스는 그에게 지금 없는 것들에 대한 것이 아닌가?'

[201 a] 아가톤이 말하기를, '맞는다네.'

'이것을 근거로 자네의 논의에서 말했던 에로스가 어떤 것들에 대한 에로스인지 기억해보게나. 자네가 괜찮다면 자네를 상기시키겠네. 내가 생각하기에 자네는 수치스러운 것에 대한 에로스가 없기에 신들의 직무(행위 197 b)가 아름다운 것에 대한 에로스로 인해 성립되었다는 취지로 말했다네. 자네는 이러한 취지로 말하지 않았는가?'

아가톤이 말하기를, '나는 그렇게 말했네.'

소크라테스가 말하기를, '친우여, 자네는 이치에 맞게 말하는군. 그것이 사실이라면, 에로스는 아름다운 것에 대한 에로스이지 수치스러운 것에 대한 에로스가 아니지 않은가?' 그가 동의하였네.

[201 b] '그렇다면 에로스가 사랑하는 것은 그에게 있지 않고 그가 갖고 있지 아니한 것이라고 동의가 되었는가?'

아가톤이 말하기를, '맞는다네.'

'그렇다면 에로스는 아름다움이 없고 그것을 갖고 있지 않다네.'

아가톤이 말하기를, '필연적으로 그럴 것이네.'

'그렇다면 어떤가? 아름다움이 없고 어떤 방식으로도 아름다움을 갖고 있지 못한 것을 자네는 아름답다고 말할 수 있는가?'

'전혀 그럴 수 없네.'

'이렇더라도 자네는 여전히 에로스가 아름답다고 동의하겠는 가?'

아가톤이 말하기를, '소크라테스, 그때 말했던 것에 대해 나는 어떤 것도 알지 못하는 것 같네.'

[201 c] 소크라테스가 말하기를, '아가톤, 사네는 정말 아름답 게 말을 했다네. 조금만 더 말해보게. 좋은 것이 아름답다고 생각 하지 않는가?'

'나는 그렇디네.'

'그렇다면 에로스는 아름다운 것이 없고, 좋은 것이 아름답다 면 에로스는 좋은 것도 없다네.'

아가톤이 말하기를, '소크라테스, 나는 그대를 논박할 수 없 네. 그대가 말한 그대로 놔두게.'

소크라테스가 말하기를, '친애하는 아가톤, 자네가 소크라테 스를 논박하기는 전혀 어렵지 않지만, 사실을 논박할 순 없다 네.'

소크라테스(디오티마)의 논의

[201 d] '나는 이제 자네를 그만 놓아주어야겠네. 나는 이전에 이러한 것과 온갖 다른 것을 잘 아는 - 역병(흑사병)이 일어나기 이전에 제례를 지냈던 아테나이 사람들을 위하여 10년 동안 그 병의 발생을 지연시켰고 더욱이 나에게 에로스적인 것들을 가르쳐 주었던 - 만티네이아 여성인 디오티마에게서 내가 들었고 그녀가 나에게 설명했던 에로스에 대한 논의를, 나 자신과 아가톤이 동의한 것에서 나 자신의 발의로 최선을 다하여 그대들에게 전해 주고자 하네. 아가톤, 자네가 설명했듯이 [201 e] 먼저 에로스가 누구이고 그가 어떠한 이인지 설명해야 하고, 그 다음에 그의 행위를 설명하여야 하네. 그 방문한 여성이 이전에 나에게 (엄밀하게) 답변하면서 설명했듯이 그렇게 그(에로스)를 설명하는 것이 아주 쉬울 것으로 보이네. 아가톤이 에로스가 위대한 신이고 아름다운 것들에 대한 신이라고 지금 나에게 말했듯이, 나도 바로 그러한 다른 것들을 얼추 그녀에게 말했네. 나의 설명에 의하면 에로스는 아름답지도 않고 뛰어나지도 않다는 내가 아가톤을 논박하는 데 사용했던 논의와 같은 바로 그러한 논의로 그녀는 나를 논박했다네.'

나(소크라테스)는 말하기를, '디오티마, 무슨 말을 하는 건가? 에로스가 수치스럽고 나쁜가?'

그녀가 말하기를, '말을 조심할 수 없겠나? 그대는 아름답지 않은 어떤 것이 있다면 그것은 필연적으로 수치스러운가?'

[202 a] '정말 그렇다네.'

'어떤 것이 지혜롭지 못하면 그것은 무지한가? 그대는 지혜와 무지 사이에 어떤 것이 있다는 것을 알지 못하는가?'

'그것이 무엇인가?'

그녀가 말하기를, '그대는 올바르게 판단(의견)을 하지만 설명할 수 없는 것이 아는 것(인식)도 아니고 – 설명할 수 없는 alogon 것이 어떻게 지식이 되는가? – 무지도 아니라는 것을 생각하지 못하는가? – 사실을 우연히 만난 것이 어떻게 무지가 되는가? – 올바른 판단이란 확실히 지혜와 무지 사이에 있는 그러한 것이라네.'

내가 말하기를, '그대의 말이 사실이네.'

[202 b] '그렇다면 아름답지 않은 것이 필연적으로 수치스럽다거나 좋지 않은 것이 필연적으로 나쁜 것이라고 주장하지 말게

나. 따라서 에로스에 대해서도 그대 자신이 그가 좋지도 않고 아름답지도 않다고 동의했기에 (그대는) 그가 수치스럽거나 나쁘다고 더 이상 생각해서도 안 되고', 그녀가 말하기를, '그것들 사이의 어떤 것으로 생각하여야 하네.'

내가 말하기를, '하지만 모든 사람이 에로스는 위대하다고 동의한다네.'

그녀가 말하기를, '그대는 알지 못하는 모든 사람을 말하는가, 아니면 아는 모든 사람을 말하는가?'

'전적으로 모든 사람을 말하네.'

그녀가 웃으면서 말하기를, [202 d] '소크라테스, 에로스가 신이 아니라고 말하는 사람들이 그가 위대한 신이라고 어떻게 동의할 수 있겠는가?'

내가 말하기를, '그들은 누구인가?'

그녀가 말하기를, '한 남성은 그대이고, 한 여성은 나라네.'

그래서 내가 말했네, '그대는 어떻게 그리 말할 수 있는가?'

그녀가 말하기를, '쉽다네. 나에게 말해보게. 그대는 모든 신들이 행복하고 아름답다고 말하지 않는가? 그렇지 않다면 신들 중에서 어떤 신이 아름답거나 행복하다는 것을 그대는 감히 부인하겠는가?'

내가 말하기를, '제우스 신이시여! 나는 그렇게 할 수 없다네.'

'좋은 것과 아름다운 것을 얻은 이들을 행복하다고 말하지 않는가?'

'정말 그렇다네.'

[202 d] '그대는 에로스가 좋은 것과 아름다운 것이 없기 때문에 그에게 없는 그것들을 욕망한다고 동의했다네.'

'실제로 나는 동의했네.'

'아름다운 것과 좋은 것이 없는 이가 어떻게 신이 될 수 있는가?'

‘전혀 될 수 없다고 보네.’

그녀가 말하기를, ‘그대도 에로스를 신으로 생각하지 않는다는 것을 그대는 아는가?’

내가 말하기를, ‘그러면 에로스는 무엇인가? 가사적인 이인가?’

‘전혀 그렇지 않네.’

그렇다면 무엇인가?

그녀가 말하기를, ‘앞서 언급한 바와 같이 가사적인 것(인간)와 불사적인 것(신) 사이에 있다네.’

‘디오티마, 그러면 그는 무엇인가?’

‘소크라테스, 위대한 다이몬(daimon/수호신)이네. [202 e] 모든 다이몬은 신과 인간(가사적인 것) 사이에 있다네.’

내가 말하기를, ‘그는 어떤 힘(능력)을 지니는가?’

'인간의 기원祈願과 제례인 인간의 직무를 신에게, 신의 분부(지시)와 제례에 대한 보답인 신의 직무를 인간에게 해석하고 전달하는 것이네. 모든 것(우주)이 전체가 서로 연결되도록 그것은 그 양쪽 사이에 있는 (빈) 것을 채우는 이라네. 이것을 통하여 모든 영매술이 작용하고, 사제의 모든 기법(술법)이나 제례와 의식과 주문과 관련된 사람들의 모든 기법과 [203 a] 모든 예언과 마법이 작용한다네. 신은 인간과 섞이지 않고도, 그를 통하여 깨어 있거나 잠들어 있거나 신들과 인간들의 모든 친교와 대화가 생긴다네. 그러한 것들에 대하여 지혜로운 사람은 다이몬과 같은 사람이고, 어떤 기술이나 수공예와 관련하여 어떤 다른 것에 대하여 지혜로운 사람은 세속적인(하찮은) 직공이라네. 그러한 다이몬들은 많고 다양하며, 에로스도 그들 중 하나라네.'

내가 말하기를, '그의 아버지와 어머니는 누구인가?'

[203 b] 그녀가 말하기를, '그것을 설명하자면 아주 길다네. 그럼에도 나는 그대에게 말하겠네. 아프로디테가 태어났을 때, 메티스(Metis고안)의 아들인 포로스(Poros수단)와 다른 신들은 축연을 베풀었네. 그들이 만찬을 마쳤을 때, 축연이 있으면 으레 그렇듯이 페니아(Penia빈곤)가 구걸을 하러 와서 문가에 있었네. 포로스는 넥타르(신의 술)에 취하여 – 포도주는 아직 없었기에 – 제우스의 정원

으로 들어가 몸이 무거워 잠이 들었네. 그래서 페니아가 그녀에게 없는 수단 때문에 포로스에게서 아이를 만들고자 꾀하여 그와 잠자리를 하였고 에로스를 잉태하였네. [203 c] 그런 이유로 그는 아프로디테의 생일 축연에 수태되었고, 에로스는 본성적으로 아름다운 것을 사랑하는 이이고 아프로디테는 아름답기에, 그녀의 수행원이 되었고 그녀의 시중을 들게 되었네. 에로스는 페니아(빈곤)와 포로스(수단)의 아들이기 때문에 이러한 처지에 있다네. 먼저 그는 언제나 빈곤하고, 많은 사람들이 생각하듯이 결코 섬세하거나 아름답지도 않고, 거칠고 지저분하고 신발도 신지 않고 집도 없고 [203 d], 언제나 땅에 누워 (이불을) 덮지도 않고 문가나 길가의 한데서 잠을 자고, 어머니의 본성을 지니어 언제나 결핍(궁핍)과 더불어 산다네. 하지만 아버지를 따라 아름다운 것과 좋은 것을 꾀하고, 용감하고 성급하고 강렬하고, 숙련된 사냥꾼이고, 항상 새로운 전략을 짜고, 지혜를 욕망하는 이이고 그것을 얻는 수단을 지니고, 모든 삶을 통하여 철학을 하고, 숙련된 마법사이고 주술사이고 소피스트(sophistes 능변가)라네. 그는 본성적으로 불사적이지도 가사적이지도 않고, [203 e] 똑같은 날에도 어떤 때 수단이 풍부하면 활기차서 살아 있고, 어떤 때 죽다가도, 아버지의 본성 때문에 되살아난다네. 마련해 놓은 것(자산)은 언제나 빠져나가서, 에로스는 어떤 순간에도 빈곤하지도 풍부하지도 않고, 다시금 지혜와 무지 사이에 있다네. [204 a] 그의 처지는 이러하다네. 어떤 신도 철학을 하거나 지혜로워지기를 욕망하지 않는다네 – 신은 지혜롭기 때문이라네 – 어느 다른 누구도 지혜로우면 철학을 하지 않을 것이네. 다시금 무지한 사람은 철학을 하지도 않고 지혜로워지기를 욕망하지도 않을 것이네. 아름답지도 뛰어나지도 않고 현명하지도 않은 사람이 자신이 충분하다고 생각하는 바로 이러한 것에서 무지는 비참하다네. 자신에게 없다고 생각하지 않는 사람은 그에게 없다고 생각하지 않는 것을 욕망하지 않는다네.

내가 말하기를, '디오티마, 지혜롭지도 않고 무지하지도 않다면 철학을 하는 그들은 누구인가?'

[204 b] 그녀가 답하기를, '에로스를 포함한, 그 둘 사이에 있는 이들이고 에로스도 이들 중 하나라는 것이 이제 어린아이에게도 명확하네. 지혜는 실제로 가장 아름다운 것들 중 하나이고, 에로스는 아름다운 것에 대한 에로스(사랑)이기에, 에로스는 필연적으로 지혜를 사랑하고 철학자는 지혜와 무지 사이에 있다네. 이러한 것들의 원인은 그의 생성 때문이라네: 그의 아버지는 지혜롭고 수단이 많고 그의 어머니는 지혜롭지 못하고 수단이 없다네. 친애하는 소크라테스, 이것이 다이몬의 본성이라네. 그대가 생각했던 에로스에 대해 [204 c] 그대는 전혀 놀라지 않았을 거네. 그대가 말했던 것에서 판단하자면, 그대는 에로스가 사랑하는 것이

아닌 사랑받는 것으로 생각했었네. 그렇기 때문에 내가 생각하기에 에로스가 자네에게 아주 아름답게 보였다네. 사랑스러운 것_{to eranston}은 실제로 아름답고 고상하고 완전하고 축복받은 것이라네. 하지만 사랑하는 것은 내가 설명했듯이 어떤 다른 모습을 지녔다네.'

그래서 나는 말하기를, '방문한 여성이여, 그렇다면 그대의 말이 옳다네. 에로스가 그러하다면 인간에게 어떠한 역할(작용)을 하는가?'

[204 d] 그녀가 답하기를, '소크라테스, 그것이 이제 내가 자네에게 가르치려는 것일세. 에로스는, 내가 말했듯이, 그러한 이이고 그렇게 생성되었고, 그대가 말하듯이, 아름다운 것에 대한 에로스라네. "소크라테스와 디오티마, 에로스가 무엇 때문에 아름다운 것에 대한 에로스인가?"라고 누군가 우리에게 묻는다면, 더 정확하게 이렇게 묻는다면, 사랑하는 사람은 아름다운 것을 사랑한다네. 그는 무엇 때문에 (아름다운 것을) 사랑할까?'

내가 말하기를, '그것이 자신의 것이 되게 하려고.'

그녀가 말하기를, '그대의 답변은 여전히 다음과 같은 질문을

요구한다네: 아름다운 것을 얻게 된 사람에게 무엇이 생기는가?'

'나는 아직 이러한 질문에 대하여 쉽사리 답변할 수 없다고 말했네.'

[204 e] 그녀가 말하기를, '그렇다면 누군가 아름다운 것 대신에 좋은 것으로 바꿔 사용하여 묻도록 하세. 자 소크라테스, 사랑하는 사람은 좋은 것을 사랑한다네. 무엇 때문에 그는 (좋은 것을) 사랑할까?'

내가 답하기를, '그것이 자신의 것이 되게 하려고.'

'좋은 것을 얻게 된 사람에게 무엇이 생기는가?'

내가 말하기를, '나는 이것에 훨씬 쉽게 답변할 수 있네. 그는 행복하게 될 것이네.'

[205 a] 그녀가 말하기를, '좋은 것을 얻게 된 행복한 사람은 행복하게 되기에, 행복하려고 원하는 사람이 무슨 목적으로 행복하기를 원하는가에 대해서는 물을 필요가 없지 않겠나? 그대의 답은 완전하게 보이네.'

내가 말하기를, '그대의 말이 옳다네.'

'그대는 모든 인간이 이러한 소망(boulesis/원함)이나 에로스를 공유하고, 모든 인간은 좋은 것을 언제나 갖기를 원한다고 생각하는가, 그렇지 않다면 그대는 어떻게 생각하는가?'

내가 답하기를, '그대가 말했듯이 모든 인간이 공유하네.'

그녀가 말하기를, '소크라테스, 사실 모든 사람이 똑같은 것을 언제나 사랑한다면, [205 b] 우리는 무슨 이유로 모든 사람이 사랑하지 않고 어떤 사람은 사랑하고 어떤 사람은 사랑하지 않는다고 말하는가?'

내가 말하기를, '나 자신도 놀랄 따름이라네.'

그녀가 말하기를, '놀라지 말게나. 우리는 에로스에서 어떤 한 모습을 떼어내어 이름을 짓고, 그리고 그것에 그 전체의 이름인 에로스를 적용하였네. 다른 모습들은 다른 이름들로 부른다네.'

내가 말하기를, '그것은 어떤 것과 같은가?'

‘아래와 같다네. 그대는 생성(포이에시스/만듦)이 다양하다는 것을 알고 있을 걸세. [205 c] 생성(만듦)이란 없던 것에서 있는 것으로 이행된 모든 것의 모든 원인이기에, 모든 기술(기예)에 의한 생산적 활동들은 생성(만듦)이고 그것들의 제작자는 모두 창작자(포이에테스)라네.’ [33]

‘그대의 말이 옳다네.’

그녀가 말하기를, ‘그럼에도 그대는 그들이 시인(포이에테스)으로 불리지 않고 다른 이름을 갖고 있다는 것을 알걸세. 전체의 생성(포이에시스/만듦)에서 분리된 음악과 운율에 관계된 어떤 한 모습이 그 전체의 이름(포이에시스)으로 불린다네. 오직 이것만이 시(포이에시스)라고 불리고, 생성(포이에시스)에서 이 모습만을 가진 사람이 시인(포이에테스)이라 불린다네.’

내가 말하기를, ‘그대의 말이 옳다네.’

[205 d] ‘에로스에 대해서도 마찬가지라네. 중요한 것을 말하자면, 좋은 것과 행복해지려는 것에 대한 모든 욕망은 모든 사람에게 있는 가장 위대하고 교활한 에로스라네. 하지만 돈의 모음이나 운동에 대한 사랑이나 철학(지혜에 대한 사랑)과 같이 온갖 다양한

방식으로 에로스를 추구하는 사람들은 사랑한다고 불리지도 않고, 사랑하는 사람들로 불리지도 않는다네. 그(에로스)의 하나의 모습을 애쓰며 따라가는 사람들이 전체의 이름인 에로스(사랑)나 사랑한다거나 사랑하는 사람들을 갖는다네.'

내가 말하기를, '그대는 사실을 말하는 것 같네.'

그녀가 말하기를, '자신들의 반쪽을 찾는 사람들이 [205 e] 사랑하는 사람들이라는 이야기가 있다네. 하지만 인간은 자신의 손과 발이 치명적이라면 그것들을 기꺼이 자르려고 하기에, 친우여, 나의 이야기는 에로스(사랑)는 실제로 좋은 것이 아니라면 반쪽에 대한 것도 전체에 대한 것도 아니라고 말하네. 내가 생각하기에 누군가 좋은 것을 자신에게 맞는 것, 그 자신의 것으로, 그리고 나쁜 것을 자신과 맞지 않는 것으로 말하지 않는다면, 그 둘에서 저마다는 자신의 것을 반기지 않을 것이네. 인간은 좋은 것 [206 a] 이외에 정말로 어떤 다른 것을 사랑하지 않네. 그대는 다르게 생각하는가?'

내가 말하기를, '제우스 신이시여! 그렇지 않다네.'
그녀가 말하기를, '그렇다면 인간이 좋은 것을 사랑한다고 절대적으로 말할 수 있지 않겠나?'

내가 답하기를, '그렇다네.'

'그렇다면 어떤가? 인간은 좋은 것을 자신이 갖고 있기 위해서 사랑한다고 덧붙여야 하지 않겠나?'

'덧붙여야 하네.'

'그렇다면', 그녀가 말하기를,' 자신이 갖고 있을 뿐만 아니라 언제나 자신이 갖고 있기 위해서?'

'그것도 역시 덧붙여야 하네.'

그녀가 말하기를, '간단하게 말하자면, 에로스는 좋은 것을 자신이 언제나 갖고 있음에 대한 것이라네.'

내가 말하기를, '그대의 말이 절대적으로 사실이네.'

[206 b] 그녀가 말하기를, '이제 에로스는 언제나 이것(좋은 것을 자신이 언제나 갖고 있음)이기에, 그것을 추구하는 사람들의 열정과 노력이 에로스로 불리려면 그들은 어떤 방식에서 어떤 행위로 그렇게 하는가? 그것이 실제로 하는 역할은 무엇인가? 말해주게나?'

내가 답하기를, '디오티마, 그럴 수 있었다면 나는 그대의 지혜에 놀라지 않았을 것이고, 바로 이러한 것을 배우고자 그대를 찾아오지도 않았을 것이네.'

그녀가 말하기를, '내가 그대에게 말하겠네. 그것은 신체나 영혼에 아름다운 것 앞에서(아름다운 것 안에) 낳음tokos en kalo이라네.'

내가 말하기를, '그대가 말한 것은 예지가 필요하다네. 그래서 나는 알 수 없다네.'

[206 c] 그녀가 말하기를, '그러면 내가 아주 명확히 말하겠네. 소크라테스', 그녀가 말하기를, '모든 인간은 신체 뿐만 아니라 영혼에 잉태孕胎한다네. 그래서 성년이 되면 우리의 본성은 낳으려고 욕망하네. 그것은 수치스러운 것 앞에서 낳을 수 없고, 아름다운 것 앞에서 낳는다네. 사실 남성과 여성의 교접(성교)은 낳음이라네. 이것은 신적인 일이고, 이러한 잉태와 생성은 가사적이지만 살아 있는 것에 있는 불사적인 것이라네. 하지만 이것들은 어울리지 않는 것에서는 생길 수 없다네. [206 d] 수치스러운 것은 모든 신적인 것에 어울리지 못하지만, 아름다운 것은 어울린다네. 아름다움he Kallone은 생성에서 모이라(운명의 여신)와 에일레이튀이아(해산의 여신)라네. 그렇기에 잉태한 것이 아름다운 것에 가

까이 가면 그것은 자비로워지고 황홀하게 되어 녹아서 낳고 생성한다네. 하지만 그것이 수치스러운 것에 가까이 가면 그것은 찡그리면서 아파서 움츠러들고 외면하고 뒤틀려져서 생성하지 못하고, 잉태한 것을 갖고 있으면서 고통스러워하네. 그런 까닭에 잉태하여 이미 부풀어 오른 것은 아름다운 것을 지닌 사람이 커다란 자극(산고)에서 벗어나게 하기에 아름다운 것 가까이에서 [206 e] 크나큰 흥분을 느낀다네.' 그녀가 말하기를, '소크라테스, 그대가 생각하듯이 에로스는 아름다운 것에 대한 에로스가 아니라네.'

'그러면 그것은 무엇에 대한 것인가?'

'그것은 아름다운 것 앞에서 생성과 낳음이라네.'

내가 말하기를, '그렇군.'

그녀가 말하기를, '정말 그렇다네. 무슨 이유로 그것은 생성에 대한 것일까? 그 이유는 생성이란 가사적인 것에서 영속적이고 불사적인 것이기 때문이라네. [207 a] 우리가 동의했던 것을 따르면, 에로스가 좋은 것을 자신이 언제나 갖고자 하는 것이라면 그것은 필연적으로 좋은 것과 더불어 불사(죽지 않음/ athanasia)를 욕망

한다네. 이러한 논의에서 에로스는 필연적으로 불사에 대한 에로스가 따라나오네.'

그녀가 에로스적인 것들에 대해 논의를 할 때마다, 그녀는 나에게 이러한 모든 것을 가르쳤다네. 언젠가 그녀가 나에게 묻기를, '소크라테스, 이러한 에로스와 욕망의 원인aition이 무엇이라고 생각하는가? 그대는 발이 달리건 날개가 달리건 모든 짐승들이 생성하려고 욕망할 때, 얼마나 기묘한 상태에 있는지 알지 못하는가? 그들 모두가 에로스로 인해 열병이 들고 자극되어, 먼저 서로 교접하려 하고, 그 다음에 그들이 낳은 것을 키우려는 [207 b] 상태에 있기에, 그래서 가장 허약한 것도 자신의 자손을 위해 싸우고 심지어 죽으려는 준비가 되어 있고, 그것을 키우기 위해 자신은 굶주림에 허덕이면서도 그 밖의 모든 것을 한다네.' 그녀가 말하기를, '어느 누구는 인간들이 이러한 것을 논리에 의하여 (논리적으로) 한다고 생각할 것이네. [207 c] 그렇다면 어떠한 원인이 짐승을 에로스로 인해 이렇게 자극된 상태로 만드는가? 그대는 말할 수 있는가?'

나는 다시 아무것도 알지 못한다고 답변했네. 그녀가 말하기를, '그대가 이러한 것도 숙고하지 않고서도 에로스적인 것들에 정통하기를 의도했는가?'

'디오티마, 내가 방금 말했듯이, 그러한 이유로 나는 스승이 필요하다는 것을 알기에 그대에게 왔다네. 그러니 에로스적인 것들과 관련된 이런 것들과 그 밖의 것들의 원인이 무엇인지 나에게 말해주게'

그녀가 답하기를, '에로스가 본성적으로 우리가 여러 번 동의했던 것인 그것에 대한 것이라고 그대기 믿는다면, 놀랄 필요가 없네. [207 d] 짐승에게도 인간과 똑같은 논리(설명)가 적용되듯이, 가사적인 것의 본성은 가능한 한 언제나(영원히) 존재하고 불사적이 되고자 추구한다네. 이것은 어떤 늙은 것 대신에 어떤 어린 것을 언제나 남겨놓는 생성에 의해서만 오로지 가능하다네. 살아 있는 것들의 저마다가 하나로서 살아 있고 똑같은 것으로 존재한다고 말해지는 동안에도 그렇기 때문이라네 – 예를 들자면, 어떤 사람은 어린이에서 늙은이가 되기까지 똑같다고 말해진다네. 그가 똑같은 사람이라고 말해지더라도 그 자신은 똑같은 것을 갖고 있지 않고, 머리카락이나 살이나 뼈나 [207 e] 피나 몸 전체에서 항상 새로워지고 다른 것을 잃고 있다네. 신체 뿐만 아니라 영혼에서도 버릇이나 습관이나 판단이나 욕망이나 즐거움이나 슬픔이나 두려움이나, 그것들 저마다는 똑같은 것으로 그에게 있지 않고, 어떤 것들은 생겨나고 어떤 것들은 사라진다네. 이것들보다 훨씬 더 이상한 것이 지식이라네. [208 a] 어떤 지식이 우리에게 생기고 다른 지식은 사라지기에, 우리들은 지식과 관련하여 똑같은 사람이 아닐 뿐만 아니라 저마다 하나의 지식도 똑같은 과정을 겪는다네. 지식은 사라지기에, 되새긴다고 불리는 것이 있다네. 망각은 지식의 떠남이고, 되새김은 떠나는 기억 대신에 새로운 기억을 다시 심어 넣어 지식이 똑같은 것으로 보이도록 지식을 지키는 것이라네. 모든 가사적인 것은 [208 b] 신적인 것과 같이 절대적으로 언제나 똑같이 있는 방식으로 지켜질 수 없고 그것은 사라지고 늙어가는 것이 그것과 비슷한 어떤 다른 새로운 것을 남겨놓는 그러한 방식으로 지켜질 수 있다네. 소크라테스, 이러한 수단으로 가사적인 것은 신체와 그 밖의 모든 것에서 불사를 나눠 갖는다네. 불사적인 것은 그것(불사)을 그 밖의 수단으로 나눠 갖는다네. 그러니 모든 것은 본성적으로 자신의 자손을 소중히 여긴다는 것에 놀라지 말게나. 불사를 위하여 에로스라는 이러한 열정이 모든 (살아 있는) 것에 따른다네.'

그녀의 논의를 듣고 정말로 놀라서 말했다네. 내가 말하기를, '가장 현명한 디오티마, 그러한 것이 정말로 사실인가?'

[208 c] 그녀는 마치 능란한(숙달된) 소피스트처럼 말하기를, '소크라테스, 그대는 잘 알아두게. 사실 그대가 인간의 명예심을 관찰한다면, 그리고 그들이 명성을 얻고 불사(불멸)의 영광을 영원히

쌓고자 하는 에로스로 인해 얼마나 무시무시하게 자극되어 있어서 [208 d] 그러한 것을 위하여 자손들을 위한 것보다 훨씬 큰 모든 위험을 치를 준비가 되어 있고 돈을 쓰고 어떠한 고통도 감내하고 그것을 위해 죽는 것을 그대가 숙고하고 고찰하지 않았다면, 내가 논의했던 것과 관련하여 그대의 어리석음에 놀랄 것이네.' 그녀가 말하기를, '알케스티스가 아드메토스를 위하여 죽었고, 아킬레우스는 파트로클로스를 뒤따라 죽었고, 그대의 코드로스는 자손들의 왕권을 위하여 미리 죽었는데,[34] 그대는 우리가 지금 지니고 있는 그들 자신의 미덕에 대한 불사(불멸)의 기억(추모)이 있을 거라는 생각을 그들이 하지 않았다고 생각하는가?' 그녀가 말하기를, '전혀 그렇지 않다네. 내가 생각하기에, 더 훌륭한 사람들이 [208 e] 그만큼 더 하듯이 모든 사람은 불멸의 미덕(아레테)과 이러한 영광스러운 명성을 위하여 모든 것을 한다네: 그들은 불사를 사랑하기 때문이네.' 그녀가 말하기를, '신체적으로 잉태한 사람들은 더욱 여성으로 (관심이) 향하고, 그들이 생각하듯이, 그 자신들은 자손의 생성을 통하여 불사와 기억과 행복을 앞으로의 모든 시간에 얻게 되기에 이러한 방식으로 에로스로 인해 자극된다네. 하지만 영혼에 잉태한 사람들은' – [209 a] 그녀가 말하기를, '사실 그들은 영혼이 잉태하고 낳기가 적절한 것들을 신체보다는 영혼에 더 많이 잉태한다네. 무엇이 적절한 것들인가? 지혜와 그 밖의 미덕이라네 – 창조적이라 말해지는 제작자들과 더불어 모든 시인들이 그것들의 생성자라네.' 그녀가 말하기를, '가장 위대하고 아름다운 지혜는 도시국가와 가정의 일에 절제와 정의라는 이름을 지닌 질서 지움이라네. 어느 누군가 젊은 시절부터 [209 b] 이러한 것들을 그의 영혼에 잉태하여 결혼도 하지 않고[35] 성년이 되어 그것들을 낳고 생성하고자 욕망한다면, 내가 생각하기에, 그도 역시 아름다운 것 앞에서 생성하려고 그것을 찾아 주위를 돌아다닐 것이네. 그는 수치스러운 것 앞에서 생성하지 않을 것이기 때문이네. 그는 잉태하였기에 수치스러운 신체보다는 아름다운 신체를 더욱 반기고, 그리고 아름답고 고귀하고 선천적으로 재능있는 영혼을 만나면 그는 그 둘(아름다운 신체와 영혼)의 결합을 정말로 반기고, 이러한 사람과 관련하여 즉시 미덕에 대한 논의들과 좋은 남성은 어떤 것에 관심을 지녀야 하는지에 대한 논의들과 그가 추구해야 하는 것들에 대한 논의들로 가득찰 것이고, [209 c] 그를 가르치려 할 것이네. 내가 생각하기에 그는 아름다운 것(영혼)과 교제하고 그것과 친밀하면서 그가 오랫동안 잉태했던 것을 낳고 생성하고, 그가 있거나 그가 없거나 그를 기억하면서 그 생성된 것을 그와 함께 키우기에, 그래서 그러한 사람들은 더욱 아름답고 더욱 불사적인 자손들을 공유하였기에 (인간의) 자손들에 의한 친교보다 상호 간에 매우 커다란 친교와 확고한 애정을 지닌다네. 모든 사람은 [209 d] 인간의 자손보다는 그러한 자손이 자신에게 생기기를 더욱 선호하고, 호메로스와 헤시오도스와 그 밖의 좋은(훌륭한) 시인들을 바라보며 그들에게 불사의 영광과 기억을 준 그것들 자체가 불사적인 그들이 남긴 자손들을 부러워한다네.' 그녀가 말하기를, '그대가 원하면, 뤼쿠르고스가 라케다이몬(스파르타)에 남긴 라케다이몬(스파르타)의 구조자이고 사람들이 말하듯이 희랍의 구조자인 그러한 자손(법)이 있다네.[36] 솔론은 법을 제정하여 그대들(아테나이 시민들)에게서 존중을 받고,[37] [209 e] 희랍 지역 뿐만 아니라 희랍 지역이 아닌 그 밖의 다양한 지역의 다양한 사람들이 온갖 아름다운 행위를 이룩하면서 온갖 미덕을 생성했다네. 그래서 그러한 자손들 때문에 그들을 위한 많은 신전(제례)들이 생겨났지만, 인간의 자손들 때문에 어느 누구를 위한 신전은 생겨나지 않았다네.'

'소크라테스, 그대는 [210 a] 아마도 이러한 에로스적인 것들_ta erotika_로 입교될 수 있을 것이네. 하지만 올바로 따라가면 이것들의 목적이 되는 최종적인 비의의 계시_ta de telea kai epoptika_로 그대가 입교할 수 있을지 나는 모르겠네.' 그녀가 말하기를, '그러면 나는 이제 말할 것이고 어떤 노력도 아끼지 않을 것이네. 그대는 최선을 다하여 따라오도록 하게.' 그녀가 말하기를, '이러한 문제로 향해 올바르게 가는 사람이 젊다면, 먼저 그는 아름다운 신체로 향하기 시작하고, 그리고 그의 길라잡이가 올바르게 이끈다면 그는 하나의 신체를 사랑하여 거기에서 아름다운 논의를 생성할 것이고, 그리고 나서 그는 [210 b] 어떤 신체에 있는 아름다움도 어떤 다른 신체에 있는 아름다움과 똑 닮았다는 것을 자각하고서, 그래서 모습에 있는 아름다움을 추구해야 한다면 모든 신체의 아름다움이 하나이고 똑같다고 생각하지 않는 것은 아주 어리석다는 것을 자각하게 될 것이네. 이러한 것을 고찰하고 나서 그는 모든 신체적 아름다운 것을 사랑하는 사람이 되어야 하고, 하나의 신체에 대한 지나친 사랑을 누그러뜨리게 되고 그것을 경멸하고 하찮은 것으로 생각한다네. 그 다음에 그는 신체에 있는 아름다움보다 영혼에 있는 아름다움이 더 가치 있다고 생각하기에, 어떤 사람이 하찮은 (신체의) 청순함을 지녔지만 [210 c] 영혼에서 품위가 있다면 그는 그것에 만족하고, 그를 사랑하고 염려하고, 젊은 사람을 더 좋은(훌륭한) 사람으로 만드는 그러한 논의들을 낳고 추구하여서 관행과 법에 있는 아름다운 것을 새롭게 관찰하지 않을 수 없게 되고 이러한 모든 것이 서로 닮았다는 것을 보게 되기에, 신체의 아름다운 것을 하찮은 것으로 생각하게 된다네. 그러한 관행 다음에, 그(길라잡이)는 이제 그(젊은 철학자)가 지식의 아름다움을 새롭게 보게 하려면 지식의 분야로 이끌어야 한다네. 그래서 그는 이제 광대한 아름다운 것을 응시하지, [210 d] 어떤 어린 소년의 아름다움이나 어떤 인간의 아름다움이나 하나의 관행의 아름다움을 연모하는 천하고 편협하게 섬기는 노예와 같이 어떤 하나에 있는 아름다움을 더 이상 응시하지 않고, 아름다운 것의 광활한 바다로 향하고 그것을 고찰하면서, 거기에서 그는 강해지고 성장하여 그러한 아름다운 것에 대한 어떤 하나의 지식을 볼 때까지, 그는 무한한 지혜의 사랑에서 온갖 아름답고 장엄한 논의와 생각을 낳는다네.' [210 e] 그녀가 말하기를, '그대는 최선을 다하여 나에게 정신을 집중하도록 하게. 이러한 에로스적인 것들에 대하여 이제까지 잘 지도받은 사람은 아름다운 것들을 순서에 따라 올바르게 고찰하고 에로스적인 것들의 최종적인 목적으로 가면서 놀랄 정도로 본성적으로 아름다운 어떤 것을 갑자기 인지하게 될 것이네. 소크라테스, 이제까지 (그의) 모든 수고는 바로 그것을 위하여 있었네. [211 a] 먼저 이것은 영원히(항상) 있는 것이지 생성되거나 소멸하는 것이 아니고, 커지거나 작아지는 것도 아니고, 그 다음에 이러한 측면에서 아름답거나 저러한 측면에서 수치스러운 것도 아니고, 이런 때 아름답고 저런 때 수치스러운 것도 아니고, 이것과 관련하여 아름답거나 저것과 관련하여 수치스러운 것도 아니고, 이런 사람에게는 아름답고 저런 사람에게는 수치스럽듯이 여기에서 아름답고 저기에서 수치스러운 것도 아니라네. 그 아름다운 것은 어떤 얼굴이나 손이나 신체를 지닌 어떤 다른 것이거나, 어떤 논의나 지식이거나, [211 b] 생물이나 대지나 하늘이나 다른 어떤 것에 있는 것과 같이 어떤 다른 것에 있는 것으로 그에게 모습을 드러내지 않고, 그것은 그 자체로 홀로 항상 하나의 모습으로 있다네. 하지만 그 밖의 모든 아름다운 것들은, 그것들이 어떤 다른 것들로 생성되거나 소멸하는 어떤 그러한 방식으로 그 아름다운 것을 나눠 가지지만, 그것은 조금도 크게 되거나 작게 되지도 않고 어떤 것도 겪지 않는다네. 사실 어느 누군가 올바르게 소년을 사랑함으로써 이러한 것들에서 (벗어나) 위로 오르면서 그 아름다운 것을 지각하기 시작할 때 그 최종적 목적을 거의 파악하는 것이라네. 이것이 에로스적인 것들로 [211 c] 올바르게 가는 것이거나 어떤 다른 사람(길라잡이)에 의해 (그것들로) 이끌려 가는 것이라네: 마치 사다리를 사용하듯이 하나에서 둘로, 둘에서 모든 아름다운 신체들로, 아름다운 신체들에서 아름다운 관행들로, 아름다운 관행들에서 아름다운 학문들로, 아름다운 학문들에서 어떤 다른 것이 아닌 그 아름다운 것 자체의 학문에 최종적으로 이르러 그 자체가 아름다운 것(아름다운 것이 무엇이라는 것)을 마침내 인지하기 위하여, 이러한 아름다운 것들에서 시작하는 사람은 그 아름다운 것을 위하여 언제나 위로 오른다네.' [211 d] 만티네이아에서 방문한 여성이 말하기를, '친애하는 소크라테스, 어딘가 다른 곳에서보다 이러한 삶에서 인간은 아름다운 것 자체를 고찰하면서 살아야 한다네. 그대가 (그것을) 한번 본다면, 그것은 금이나 옷이나, 그대와 더불어 그 밖의 많은 사람들이 미동들을 보는 동안에 가능한 한 그들과 항상 함께 있으면서 먹지도 마시지도 않고 그저 바라보며 함께 있으려고 준비를 하게 되는, 그대가 지금 보면 (그대의) 정신을 놓게 하는 아름다운 소년이나 젊은이들로 있지 않다네.' 그녀가 말하기를, [211 e] '어느 누군가 순수하고 깨끗하고 섞인 것이 없는, 인간의 살과 색과 그 밖의 많은 하찮은 가사적인 것으로 물들지 않은 아름다운 것 그 자체를 보게 된다면, 더욱이 그가 하나의 모습으로 된 신적인 아름다운 것 그 자체를 자각할 수 있다면, 우리는 무엇을 생각할 수 있겠는가?' 그녀가 말하기를, [212 a] '거기를 응시하고 (그것을 보기에) 필요한 것(영혼의 눈)으로 그것(아름다운 것)을 고찰하여 그것과 함께 있는 인간의 삶이 하찮다고 생각하는가? 그렇지 않다면', 그녀가 말하기를, '오직 이러한 상황에서 아름다운 것을 볼 수 있는 것(영혼의 눈)으로 그것(아름다운 것)을 본다면 그 사람은 환영을 파악하지 않기에 미덕의 환영을 낳을 수 없고, 사실을 파악하기에 사실의 미덕을 낳을 수 있다고 그대는 생각하지 않는가? 사실의 미덕을 낳고 그것을 키우는 사람은 신의 사랑을 받게 될 것이고, 어떤 인간이 불사적이 된다면 그가 되지 않겠는가?'

[212 b] '파이드로스와 그 밖의 모든 분들이여, 이러한 것이 디오티마가 말한 것이고, 내가 믿게 된 것이라네. 나는 믿게 되었기에, 이러한 것(신의 사랑과 불사)을 얻는 데 있어서 인간의 본성에서 에로스보다 더 나은 협조자를 어느 누구도 얻기가 쉽지 않다는 것을 다른 사람들도 믿게 하고자 하네. 그렇기에 나는 모든 사람이 에로스를 존중해야 한다고 말하고, 나 자신도 에로스적인 것

들을 존중하고, 특히 그것들을 실행하며, 다른 사람들도 그렇게 하기를 권고한다네. 지금 뿐만 아니라 언제나 내가 할 수 있는 한 나는 에로스의 능력과 용기에 대한 찬사를 한다네. [212 c] 파이드로스, 그대가 괜찮다면, 이러한 (나의) 논의를 에로스에 대해 말해진 찬사로 생각하게나. 그대가 이것을 무엇으로 어떻게 부르던지 그렇게 부르게나. '

다섯 번째 막간

소크라테스가 이렇게 말하니 다른 사람들은 그의 논의에 대하여 찬사를 했으나, 아리스토파네스는 소크라테스가 논의하면서 자신과 자신의 논의에 대해 언급하였기에 어떤 것을 말하려 하였네. 그런데 갑자기 술 취한 주정꾼들에 의한 듯한 뜰로 이르는 문을 두들기는 시끄러운 소리가 났었고, (갈대) 피리 부는 소녀의 음성도 들렸네. 아가톤이 말하기를, '하인들아, 나가 보아라. [212 d] 내가 아는 사람이 있으면 모셔오너라. 그런 사람이 아니라면 우리는 술을 마시지 않고 이제 쉬려 한다고 전하거라.'

조금 지나지 않아 매우 취하여 큰 소리를 지르는 알키비아데스의 목소리가 뜰에서 들리더니, 그는 아가톤이 어디에 있는지를 물으며 그에게 데려가 달라고 요구했다네. 그래서 그를 부축한 (갈대) 피리 부는 소녀와 그를 따라온 다른 사람들이 그를 사람들이 있는 곳으로 데리고 왔네. [212 e] 그는 담쟁이덩굴(아이비)과 제비꽃으로 가득찬 화관을 쓰고 머리에 아주 많은 머리띠를 지닌 채 문가에 서서 말하였네. '안녕하신가! 여러분, 아주 취한 사내를 술친구로 받아 주실 수 있겠나? 그렇지 않으면 우리는 아가톤에게 화관을 씌우고자 왔는데, 그저 그렇게 하고 가야 하는가?' 그가 말하기를, '나는 어제 올 수 없었기에, 오늘 나의 머리에서 빼내어, 내가 (그에 대하여) 이렇게 말할 수 있다면, 가장 지혜롭고 가장 아름다운 머리에 씌우고자 나의 머리에 머리띠를 두르고 왔다네. 내가 술에 취했다고 비웃지 마시게나. 그대들이 웃더라도, 그러해도 나는 사실을 말한다는 것을 알고 있네. 즉시 나에게 말해주게나. [213 a] 정해진 조건으로 내가 들어갈 수 있겠는가 아니면 없겠는가? 나와 함께 술을 마시겠는가 아니면 말겠는가?'

그런데 모든 사람들이 그에게 들어와서 기대어 앉으라고 소리쳤고, 아가톤이 그를 불렀네. 사람들에 이끌리어 들어오자마자 그는 (아가톤에게 씌우려고) 머리띠들을 풀어냈고, 머리띠들이 눈앞에 있었기에 그는 소크라테스를 보지 못하여, 소크라테스와 아가톤의 가운데에서[213 b] 아가톤 옆에 앉았네. 소크라테스는 그를 보자 자리를 움직였네. 그(알키비아데스)는 아가톤 옆에 앉아서 아가톤을 껴안고는 그에게 머리띠들을 씌웠네.

아가톤이 말하기를, '하인들아, 알키비아데스를 (우리 둘과 함께) 침상의 세 번째에 기대어 앉게 그의 신발을 벗기어라.'

알키비아데스가 말하기를, '정말로! 그런데 우리의 이 세 번째 술친구는 누구인가? 그러는 동시에 그는 머리를 돌려 소크라테스를 보았네. 그가 소크라테스를 보고 펄쩍 뛰면서 소리치기를, 헤라클레스! 이게 어쩐 일인가? 소크라테스가 아니신가? 내가 전혀 있을 거로 예측하지 못하는 곳에서 갑자기 나타나곤 하듯이, [213 c] 그대는 또다시 여기에 숨어서 기대어 앉아 나를 기다리고 있군. 그런데 지금 무슨 일로 오셨소? 무엇 때문에 이 자리에 기대어 앉게 되었소? 무엇 때문에 그대는 아리스토파네스 옆이거나 어떤 다른 웃기거나 웃기려는 사람(우습거나 우습게 될 사람) 옆이 아니라, 여기에 있는 사람들 중에서 가장 아름다운 사람 옆에 기대어 눕기를 꾀했소?'

소크라테스가 말하기를, '아가톤, 그대가 나를 지킬 수 있을지 살펴주게. 이 사람에 대한 나의 에로스(사랑)는 하찮은 일이 아니었다네. 그를 사랑했던 이래로 [213 d] 나는 아름다운 사람을 한 사람도 볼 수 없고 말할 수도 없었다네. 그렇지 않으면 그는 질시하고 시샘하며 엄청난 짓도 하고 중상을 하며 (나에게) 손찌검하기를 좀처럼 그만두지 않았다네. 그가 어떤 짓도 지금 하지 못하게 잘 살펴주고, 그리고 우리를 화해시켜 주게나. 또는 그가 폭력을

행사하려 한다면, 나는 그의 광기 뿐만 아니라 애착에 정말로 몸
서리치기에, 나를 지켜주게나.'

알키비아데스가 말하기를, '나와 그대에게 화해는 있을 수 없
네. 하지만 나는 이러한 것들에 대해 다음에 내 앙갚음을 해 주겠
네.' [213 e] 알키비아데스가 말하기를, '아가톤, 지금 나에게 이
사람의 놀라운 머리에 씌우게 머리띠 몇 개를 돌려주시게. 그러
면 자네와 같이 엊그제 뿐만 아니라 언제나 모든 사람들을 논의
에서 이긴 그에게 (머리띠들을) 씌우지 않고 그대에게만 씌운다고
(그가) 나를 비난하지 않을 걸세.' 동시에 그는 머리띠들을 잡아 소
크라테스에게 씌우고서 기대어 앉았다네.

그가 기대어 앉고 나서 말하기를, '저런 여러분, 그대들은 멀
쩡하게 보이는군. 이것은 그대들에게 허용될 수 없소. 술을 마셔
야 하네. 그것은 그대들이 동의했소. 그대들이 충분하게 술을 마
실 때까지 나 자신을 음주의 선도자(쉼포지아르코스 좌장)로 임명하겠
소. 아가톤, 커다란 술잔이 있으면 가져오게 하시오.' 8 코틸레[38]
보다 많이 담을 수 있는 포도주 냉각기를 보고는 그가 말하기를,
'하인아, 그럴 필요 없다. [214 a] 저 포도주 냉각기를 가져오너
라.' 그가 그것에 (포도주를) 가득히 담더니 먼저 비우고는, 그 다음
에 소크라테스를 위해 채우라고 지시하는 동시에 말하기를, '여
러분, 소크라테스에 대한 나의 잔꾀는 쓸모가 없다네. 어느 누가

그에게 아무리 많이 마시게 하더라도, 그렇게 많이 마시고도 그
는 전혀 취하지 않는다네.'

그리고는 하인이 술을 채우자 소크라테스는 마셨네. 에뤽시마
코스가 말하기를, '알키비아데스, 우리가 지금 무엇을 하는 건
가? [214 b] 술잔 앞에서 이렇게 어떤 말도 어떤 노래도 하지 않
고, 그저 목마른 사람들처럼 술만 마셔야 하는가?'

그래서 알키비아데스가 말하기를, '가장 뛰어나고 절제된 아
버지의 가장 훌륭한 아들인 에뤽시마코스, 환영하네'

에뤽시마코스가 말하기를, '그대도 환영하네. 그런데 무엇을
하자는 건가?'

'그대가 무엇을 지시하든지 그대의 말을 따라야 하네. "의술을
지닌 사람이야말로 그 밖의 모든 사람만큼이나 가치가 있다고 하
네." 그대가 원하는 것을 처방하시게.'

에뤽시마코스가 말하기를, '그렇다면 들으시게. 그대가 이곳
에 들어오기 전에 우리들 저마다는 (왼쪽에서) 오른쪽으로 차례로
[214 c] 에로스에 대한 논의를 가능한 한 가장 아름답게 하자고,
그에 대한 찬사를 하자고 정하였네. 그런데 우리들 중에서 그 밖

의 사람들 모두는 말했다네. 하지만 그대는 아직 말을 하지 않았고, 게다가 술을 (이미) 마셨으니 논의하는 것이 정당하겠네. 그대가 논의를 하고 나서 소크라테스에게 그대가 원하는 것을 지시하면, 그는 그것을 그의 오른쪽에 있는 사람에게 할 것이고 그 밖의 사람들도 그렇게 할 것이네.'

알키비아데스가 말하기를, '에뤽시마코스, 잘 말해주었네. 하지만 술 취한 사내가 멀쩡한 사람들과 논의로 겨룬다는 것은 공평하지 못하다네. 더욱이 행복한 친우여, 소크라테스가 이제까지 말한 것들 중에서 어떤 믿을 것이 있는가? [214 d] 그렇지 않으면 그가 말했던 것과 완전히 반대라는 것을 그대는 아는가? 그와 함께 있을 때 그가 아닌 어떤 다른 신이나 인간에 대한 찬사를 하면, 그 자신이 나에게 손찌검하기를 그만두지 않았다네.'

소크라테스가 말하기를, '말조심할 수 없겠나?'

알키비아데스가 말하기를, '포세이돈 신이시여![39] 그대와 함께 있을 때 어떤 다른 이에 대해서 찬사를 하지 않을 것이니 그것에 대해 어떤 말도 하지 마시게나.'

'그대가 원하면', 에뤽시마코스가 말하기를, '그렇게 하시게

나. 소크라테스에 대한 찬사를 하시게.'

[214 e] '무슨 말인가?', 알키비아데스가 말하기를, '에뤽시마 코스, 내가 그렇게 해야만 하는가? 내가 그대들 앞에서 그를 꾸짖고 앙갚음을 해야 하는가?'

소크라테스가 말하기를, '자네는 무슨 생각을 하고 있는가? 자네는 나를 웃음거리로 만들려고 찬사를 하는가? 그렇지 않으면 무엇을 하려는가?'

'나는 사실을 말할 거라네. 그대가 허락할 수 있을지 살피시게나.'

그(소크라테스)가 말하기를, '하지만 사실이면 허락할 것이고 말하도록 지시하겠네.'

알키비아데스가 말하기를, '나는 곧 시작하겠네. 하지만 그대는 이렇게 하여야 하네. 내가 사실이 아닌 어떤 것을 말하면, 그대가 원한다면 중간에 끼어들어 내가 거짓을 말한다고 말하게. 나는 의도적으로 어떤 거짓말도 하지 않겠네. [215 a] 하지만 나는 마구잡이로 기억하면서 말하니, 놀라지 마시게나. 나같이 취한 사내가 그대의 기이함을 기지 있고 질서 있게 열거하는 것이 쉬운 일은 아니라네.'

알키비아데스의 논의

　'여러분, 나는 비유(모상)를 통해 소크라테스에 대한 찬사를 하고자 하네. 그는 아마도 웃음거리가 될 것으로 생각하지만, 비유(모상)는 웃음이 아닌 사실을 위한 것이라네. 사실 나는 그가 조상彫像 상점에 앉아 있는 [215 b] 실레노스Silenos[40]들과 가장 비슷하다고 말하겠네. (조상) 제작자들은 양치기의 피리와 갈대 피리를 갖고 있는 그것들을 제작하고, 그것들이 둘로 나뉘면 ㄱ 안에 신들로 된 조상들을 담고 있는 것으로 드러난다네. 나는 또한 그가 사튀로스인 마르쉬아스와 비슷하다고 말하겠네.[41] 그런데 그것들과 모습에서 비슷하다는 것을, 소크라테스, 그대 자신도 아마 논박할 수 없을 걸세. 이제 그대가 그 밖의 것들에서 어떻게 비슷한지 들으시게나. 그대는 무뢰한(휘브리스를 지닌 사람)이라네. 그렇지 않소? 그대가 동의하지 않는다면 증인들을 데려오겠소. 그런데 그대도 (갈대) 피리 연주자가 아니신가? 그대는 마르쉬아스보다 훨씬 더 놀라운 이라네. [215 c] 그는 입에서 나온 능력으로 도구를 사용하여 사람들을 매혹시켰고, 지금도 어느 누군가 그의 곡조(작품)를 연주하네 – 마르쉬아스가 올륌포스를 가르쳤기에, 올륌포스가 연주했던 곡조가 마르쉬아스 것이라 말하네 – 그의 곡조를 훌륭한 (갈대) 피리 연주자가 연주하건 형편없는 (갈대) 피리부는 소녀가 연주하건 간에 오직 그것만이 (정신을) 홀리게 하고, (그곡조가) 신적이기에 입교 의식 뿐만 아니라 신들을 필요로 하는 사람들을 드러내게 한다네. 그대는 도구도 사용하지 않고 단조로운 (운율 없는) 말로 이것과 똑같은 것을 하는 그러한 측면에서만 그와 다르다네. [215 d] 우리가 어떤 다른 사람이 하는 말을 들었을 때, 그가 아주 훌륭한 논변가일지라도, 사실을 말하자면, 그것은 어느 누구에게도 아무런 문제가 되지 않는다네. 하지만 어느 누군가 그대에게서 듣거나 그대의 말을 다른 사람에게서 들었을 때, 말하는 사람이 아주 하찮더라도, 그것을 듣는 사람이 여성이거나 남성이거나 젊은이거나 우리는 모두 정신을 잃고 홀린다네. 여러분, 내가 완전히 취해 보이지 않는다면 나는 확실히 그대들에게 그의 논의로 인해 나 자신이 어떤 것을 겪었고 지금까지도 어떤 것을 겪고 있는지 맹세하고서 말할 수 있다네. 내가 들을 때마다, 나는 이 사람의 말에 의하여 코뤼바스들의 음악에 도취한 사람들보다도 훨씬 심장이 뛰고 눈물이 흘러나오고,[42] [215 e] 그리고 나는 똑같은 것을 겪은 그 밖의 많은 사람들도 보았다네. 나는 페리클레스와 그 밖의 훌륭한 논변가들의 연설도 들어서 그들이 말을 잘한다고 생각했지만 어떤 그러한 것을 겪지 못했고, 나의 영혼이 혼란스럽지도 노예가 된 듯이 화가 나지도 않았다네. 하지만 이 마르쉬아스에 의하여 나와 같은 상태에 있는 사람은 살 가치가 없다는 생각이 자주 들었다네. [216 a] 소크라테스, 그대는 이러한 것들이 사실이 아니라고 말할 수 없을 걸세? 더욱이 지금도 그에게 나의 귀를 기울이려 한다면 나는 저항할 수 없고 그 똑같은 것을 겪게 될 것을 의식하고 있다네. 그는 나 자신이 많이 부족한데도 여전히 나 자신을 돌보지 않고 아테나이의 국가 정무를 하고 있다는 것에 동의하라고 나를 강요한다네. 나는 거기에 앉아 그의 옆에서 늙어 가지 않기 위해서, 세이렌 자매에게서 도망치듯이 강제로 귀를 막고 달아났다네.[43] [216 b] 어느 누구도 나에게 있지 않다고 생각하는 어떤 사람에 대한 수치스러움을 나는 이 세상에서 오직 그를 대하며 느꼈다네. 나는 오직 그를 대하며 수치스러워 한다네. 그가 나에게 지시하는 것을 하지 말아야 한다고 논박하지 못하는 나 자신을 의식하고, 내가 그를 떠날 때마다 대중적 명예욕에 굴복하는 나 자신을 의식한다네. 나는 (노예가 달아나듯) 그에게서 달아나서 도망치다가, 그를 보면 (그와 내가) 동의한 것에 수치스러움을 느낀다네. [216 c] 나는 자주 그가 인간 세상에서 사라지는 것이 좋다고 보았네. 하지만 그러한 일이 생긴다면 내가 훨씬 더 괴로워할 것을 잘 알기에 나는 이 사람과 어떻게 해야 할지 모르겠네.'

'이러한 것들이 나와 그 밖의 모든 사람들이 이 사튀로스의 피리 음악으로 인해 겪은 것이라네. 그대들은 내가 비유한 것(모상)들과 그가 얼마나 유사하고 그가 얼마나 놀라운 능력을 지녔는지 그 밖의 것들에 대하여 나에게서 들어보시게. 그대들 중에서 어느 누구도 그를 알지 못한다는 것을 잘 알아야 하네. [216 d] 내가 시작했기에 (그를) 드러내 보이겠네. 그대들은 소크라테스가 아름다운 젊은이들에 대한 에로스로 인해 자극되어_{erotikos} 있고 그들의 주위에 항상 머무르고 그들에게 정신을 잃고 있는 것을 보았고, 다시금 그의 모습에서 그는 모든 것을 알지 못하고 어떤 것도 알지 못한다는 것을 보았네. 이것이 실레노스와 유사한 모습이 아닌가? 확실히 그렇다네. 조각된 실레노스처럼 그는 이러한 것을 겉으로 두르고 있다네. 하지만 그가 열리면, 술친구들이여, 그 안에 그가 절제로 얼마나 가득차 있는지 그대들은 상상하지 못했을 걸세? 어느 누가 아름다워도 그는 관심이 없고, 도리어 그는 어느 누구도 상상하지 못할 정도로 경멸하며, [216 e], 어느 누가 부자이건 대중들에 의해 축복받은 것이라고 말해지는 어떤 다른 명예를 지니건 그는 관심이 없다는 것을 그대들은 아시게나. 그는 인간들을 대하면서 자신의 무지를 가장하고 희롱하며 전 생애를 보내면서, 이러한 모든 재물이 어떤 가치도 없고 우리들도 아무것도 아니라고 – 나는 그대들을 말하네 – 생각한다네. 하지만 그가 심각해져서 자신의 안을 열었을 때 나는 (그대들 중에서) 누군가 그 안에 있는 조상들을 보았을지 모르겠네. 그런데 나는 그것들을 이전에 보았고, [217 a] 그것들은 소크라테스가 지시한 무엇이든지 결국 내가 그저 할 수밖에 없을 정도로, 아주 뛰어나게 아름답고 놀랄만한 신적이고 황금으로 된 것으로 보였다네. 나는 소크라테스가 나의 청춘의 아름다움(청순미)에 열중한다고 생각했기에 그에게 (신체적인) 즐거움을 주면 나는 그가 아는 모든 것을 들을 수 있기에, 나는 그것을 신의 선물이고 나의 놀라운 행운이라 여겼다네. 나는 나의 청춘의 아름다움에 아주 놀랄만한 긍지를 지녔었다네. 이러한 의도를 지니면서 이전에는 어떤 수행원도 없이 홀로 그와 함께 있지 않았기에, [217 b] 이제 나는 수행원을 보내고 그와 함께 있으려 하였네 – 나는 그대들 앞에서 모든 사실을 말해야 하네. 그대들은 정신을 집중하시고, 그리고 소크라테스, 그대는 내가 거짓말을 하면 논박하게나 – 여러분, 혼자서 나는 혼자인 그와 함께 있었기에, 사랑하는 남성이 미동과 은밀하게 하는 그러한 대화를 곧바로 그와 내가 할 것으로 생각했었고, 그래서 기뻐했다네. 하지만 확실히 그러한 어떤 것도 생기지 않았고, 그는 나와 습관처럼 하는 대화를 하였고 그날을 함께 보내고 나서 나를 떠나서 집으로 갔다네. 이것 다음에 [217 c] 나는 그에게 운동을 함께하자고 초청하였고, 어떤 것을 거기에서 이루고자 그와 함께 운동했다네. 그는 나와 함께 운동하였고, 아무도 있지 않은 곳에서 나와 자주 레슬링을 하였네. 그런데 무슨 말을 내가 해야 하는가? 나는 더이상 아무것도 얻지 못했다네. 이러한 방식으로 어떤 것도 얻지 못했기에, 나는 정면으로 공세를 해야 하고 내가 시작을 했기에 포기하지 말아야 한다고 결심했다네. 하지만 나는 문제가 무엇인지 즉시 알아야 했네. 사랑하는 남성이 미동에게 계략을 꾸미듯이 그대로 나는 그를 만찬에 초대했네. 그는 나의 초대를 즉시 받아들이지 않았지만, [217 d] 그럼에도 마침내 수락하였네. 그가 처음에 왔을 때 만찬을 마치고 떠나려 하였네. 그때 나는 수치스러워서 그를 가게 했다네. 다시금 나는 계략을 꾸몄고 우리가 만찬을 마치고 나서도 나는 밤이 늦도록 대화를 계속 했고, 그래서 그가 떠나려고 했을 때 나는 이미 늦었다는 핑계를 대면서 그를 머무르도록 강요했다네. 그는 나의 침상과 이어진 그가 만찬을 들었던 침상에서 쉬었고, 그리고 우리 이외에 어느 누구도 집에서 잠을 자지 않았다네. [217 e] 그런데 여기까지의 이야기는 어느 누구에게나 잘 말할 수 있다네. 하지만 지금부터의 이야기는 먼저, 속담에서 말하듯이 아이(하인)들이 있거나 없거나 포도주에 사실(진실)이 있지 않다면, 그대들은 내가 말하는 것을 듣지 못했을 것이고,[44] 그 다음에 소크라테스에 대한 찬사를 하러 온 사람이 그의 장엄한 업적을 숨기는 것은 부정하다고 생각되네. 더욱이 독사에게 물린 사람들의 상흔이 나를 사로잡고 있다네. 그들이 말하기를 아마도 이것을 겪은 사람은, 오직 그것에게 물린 사람들만이 그가 고통으로 인해 감히 어떤 짓을 하고 어떤 말을 해도 이해를 하고 [218 a] 용서를 하기 때문에, 그들이 아니면 그것이 어떠한 것인지 말하려 하지 않는다네. 나는 너무 고통을 주는 것에게 물렸고 누군가 물릴 수 있는 가장 고통스러운 곳을 물렸다네 – 심장이거나 영혼이거나 그것을 무엇이라 이름 짓든 그곳에 철학적 논의에 의하여 매 맞고 물렸다네. 그 철학적 논의는 선천적 재능이 없지 않은 젊은 영혼을 붙잡고자 할 때 그에게 독사보다 더 강렬하게 달라붙어서 어떤 무엇이든지 실행하게 하고 말하게 한다네 – 나는 파이드로스와 같은 사람들, 아가톤과 같은 사람들, [218 b] 에뤽시마코스와 같은 사람들, 파우사니아스와 같은 사람들, 아리스토데모스와 같은 사람들 그리고 아리스토파네스와 같은 사람들을 볼 수 있다네. 그 밖의 그대들 모두가 있고, 소크라테스 자신은 말할 필요도 없지 않은가? 그대들 모두는 철학의 광기 뿐만 아니라 바쿠스의 광란을 공유하고 있다네 – 그렇기에 그대들 모두는 들으시게. 그대들은 내가 그때 했던 것 뿐만 아니라 지금 말하는 것을 용서할 수 있다네. 하인들아, 그리고 입교하지 못하고 천한 어떤 다른 누군가 있다면, 너희들은 아주 커다란 문으로 귀를 막거라.'

'그런데 여러분, 등불은 꺼졌고 [218 c] 하인들은 밖으로 물러났기에 내가 생각한 것을 그에게 에두르지 않고 자유롭게 말하는 것이 필요하다고 결심했다네. 그래서 나는 그를 밀면서 말했네 "소크라테스, 잠들었는가?." '

그가 말하기를, '전혀 그렇지 않네.'

'그러면 내가 결심했던 것을 그대는 아는가?'

그가 말하기를, '정확히 무엇인가?'

내가 말하기를, '그대는 나에게 있었던 오직 하나밖에 없는 가치 있는 사랑하는 남성erastes이라고 생각되고, 그대는 (이것을) 나에게 언급하기를 주저하는 것처럼 보이네. 나의 입장은 이렇다네. 이러한 것에서 뿐만 아니라, 나의 재산이나 친우들에게서, 그대가 필요로 하는 어떤 다른 것에서 그대에게 즐거움을 주지 못하는 것이 매우 지각없다고 생각된다네. [218 d] 가능한 한 가장 좋은(뛰어난) 사람이 되는 것보다 나에겐 더 중요한 것은 없고, 이것에서 그대보다 더 중요한 협조자(조력자)가 나에게 없다고 생각되네. 나는 그러한 사람에게 (신체적인) 즐거움을 주어서 지각없는 대중들을 대하며 수치스러워하기보다는, 그러한 사람에게 (신체적인) 즐거움을 주지 못해서 사려 깊은 사람들을 대하며 훨씬 더 수치스러워한다네.'

소크라테스는 듣고는 무지로 아주 가장한 모습으로, 그리고 바로 그 자신의 특징이고 일상적인 습관으로 말했다네. '친애하는 알키비아데스, 자네가 나에 대하여 말한 것이 사실이고, [218 e] 자네를 더 훌륭한 사람이 될 수 있게 하는 어떤 힘이 나에게 있다고 한다면, 자네는 사실 하찮은 사람이 아니라네. 자네는 내게서 자네의 멋진 모습보다 훨씬 뛰어난 저항할 수 없는 아름다움을 보았군. 자네가 그것을 보고서, (신체의) 아름다움 대신에 (영혼의) 아름다움으로 교환하고자 나와 거래를 하여 나에게서 적지 않게 이익을 얻고자 의도한다면, [219 a] 자네는 아름다운 것의 의견(신념) 대신에 아름다운 것의 사실(진리)을 얻고자 시도하기에, 사실상 청동을 황금으로 교환하고자 의도하고 있다네. 하지만 행복한 친우여, 나 자신이 아무것도 아니라는 것을 자네가 모르고 있지 않은지 잘 살피게. 정신의 시력he toi tes dianoias opsis은 눈의 시력이 전성기에서 벗어나면 날카롭게 보기 시작한다네. 하지만 자네는 아직 그것과 거리가 멀다네.'

나는 이것을 듣고서 말하기를, '나의 입장은 내가 말한 것들이라네. 그것들에서 어떤 것도 내가 의도한 것과 다르게 말하지 않았네. 그대가 생각하기에 그대와 나에게 무엇이 가장 좋은 것이 될 수 있는지 이제 그대 자신이 숙고하시게.'

그가 말하기를, '자네는 그것을 잘 말했네. 앞으로 [219 b] 우리는 그것 뿐만 아니라 그 밖의 것들에 대하여 우리 둘에게 가장 좋은 것으로 보이는 것은 무엇이든지 숙고하여 실행할 것이라네.'

'이것들을 말하고 듣고 나서, 나는 화살과 같은 것을 날렸기에 그가 상처를 입었다고 생각했었네. 그래서 나는 일어나서 그가 더 이상 말을 하지 못하게 하면서 나의 외투(히마티온)로 – 겨울이었기에 – 그를 감싸주며 여기 이 사람의 (짧은) 겉옷(트리본) 아래로 들어가 두 팔로 진정으로 놀랄만한 이 다이몬과 같은 사람을 [219 d] 끌어안고 밤새도록 누워 있었다네. 소크라테스, 다시금 그대는 내가 이것에 대하여 거짓을 말한다고 말하지 못할 걸세. 내가 이러한 것을 했지만, 그는 그렇게 나를 압도했고 나를 경멸했고 나의 청춘의 아름다움을 조롱했고 그것을 모욕했다네 – 바로 그것(청춘의 아름다움)에서, 배심원 여러분, 나는 뛰어나다고 생각했다네. 그대들이 소크라테스의 오만함에 대한 배심원이 되어주시게 – 신들과 여신들에 맹세컨대, 그대들은 잘 알 것일세. [219 d] 아버지나 나이 든 형과 함께 잔 것보다 조금도 이상함이 없이 소크라테스와 잠들었다가 (아침에) 일어났다네.'

'그런 다음에 그대들은 내가 어떤 정신으로 있었다고 생각하는가? 지혜와 인내에서 내가 만날 수 있다고 전혀 기대하지 못했던 그러한 사람을 만났었기에, 나는 한편으로는 치욕을 당했다고 생각했고 한편으로는 그의 본성과 절제와 용기에 감탄했다네. 그래서 나는 화를 낼 수도 없었고 그와의 만남에서 벗어날 수도 없게 되었고, 그를 어떻게 얻을 수 있는 수단도 없었다네. [219 e] 나는 아이아스가 쇠로된 무기에 공격을 받지 않는 것보다 훨씬 그가 모든 측면에서 뇌물에 매수될 수 없다는 것과 내가 그

를 사로잡을 수 있다고 생각했던 하나밖에 없는 덫(청춘의 아름다움)
에서도 나를 벗어났다는 것을 잘 알고 있었다네. 나는 어찌할 바
를 몰랐고, 어떤 사람에 의해 포로가 되었던 어떤 다른 사람과
견줄 수 없이 이 사람의 노예가 되어서 방황을 하였다네. 이러한
모든 것이 나에게 일어난 다음에, 우리는 포테이다이아 원정에
참전하여 거기에서 한 부대에서 지냈다네.[46] 먼저 그는 고난을
견디는 데 있어서 나 뿐만 아니라 그 밖의 모든 사람을 능가했으
며 – 원정에서 그러하듯이 우리가 고립되어 식량도 없이 지내야
했었을 때 [220 a] 그 밖의 사람들은 인내에 관련하여 어디에도
없었다네 – 성찬에서도 오직 그만이 제대로 즐기는 사람이었고,
특히 그는 술을 마시려 하지 않았지만, 술을 마셔야 했을 때 모
든 사람을 능가했고, 그리고 모든 것들 중에서 가장 놀라운 것은
이제까지 어떤 사람도 술에 취했던 소크라테스를 보지 못했다는
것이네. 그것에 대한 증거는 곧 제시될 것으로 생각되네. 다시금
겨울을 인내하는 데 있어서 – 거기의 겨울은 무시무시했네 – 그
는 놀랄 만한 일을 실행했다네. [220 b] 특히 언젠가 아주 무시무
시한 서리가 내렸을 때 모든 사람들은 밖으로 나가지 않으려 했
거나, 어떤 사람이 나갔다고 하더라도 놀랄 만큼 많은 옷을 껴입
고 신발을 신었을 뿐만 아니라 발을 양모로 된 천과 양가죽으로
감쌌다네. 하지만 그들 중에서 그만이 이전에 걸치고 다녔던 그
러한 짧은 겉옷(히마티온)을 입고 밖으로 나갔다네. 그는 신발을 신

지 않고서도 신발을 신은 그 밖의 사람들보다 얼음 위를 쉽게 걸어갔다네. 그래서 군인들은 자신들을 경멸한다고 생각하여 곁눈질하여 [220 c] 그를 보았네. 그것에 대해서는 이만 하세. 하지만 그 당시 그곳의 원정에서 "강한 인내심을 지닌 그가 다시 수행하고 견디었던 이것이 어떤 것인지"는 들을 가치가 있다네.[47] 그는 거기에서 동틀 녘에 무엇인가를 사색하면서 그것을 탐구하며 서 있었다가 그가 그것을 진척시키지 못했을 때, 그는 포기하지 않고 찾으면서 서 있었다네. 이미 정오가 되어서 사람들은 그를 보게 되었고 놀라면서 소크라테스가 동틀 녘부터 어떤 것을 생각해내느라 서 있었다고 서로서로 말했다네. 마침내 이오니아에서 온 어떤 사람들은 저녁이 되었을 때 저녁 식사를 마치고 나서 – [220 d] 그때가 여름이었네 – 짚을 넣은 요를 갖고 나와 시원한 곳에서 잠을 자면서, 동시에 그가 밤새도록 서 있는지 살펴보았다네. 그는 새벽이 될 때까지 서 있었고, 해가 떠올랐네. 그리고는 그는 해에 기도를 드리고 떠났다네. 다시 전투에서 (그가 어떠했는지) 그대가 알고자 원한다면 – 이러한 찬사를 그에게 주는 것이 정당하다네 – 지휘관들이 나에게 용맹(무훈) 상을 수여했던 전투에서도 어떤 다른 사람이 아닌 이 사람이 [220 e] 나를 구했다네. 그는 부상당한 나를 버리고 떠나지 않고 나의 무기와 나 자신을 함께 구하도록 도와주었네. 소크라테스, 나는 그때 지휘관들에게 용맹(무훈) 상을 그대에게 수여하라고 간청했다네. 이것에 대해 그대는 나를 비난하거나 내가 거짓을 말한다고 말하지 마시게. 사실 지휘관들은 나의 지위를 고려하여 나에게 용맹(무훈)상을 주기로 하였을 때, 그대는 자신이 아닌 내가 상을 받아야 한다고 지휘관들보다 더욱 적극적이었네. 더욱이, 여러분, 군대가 델리온에서 도망치면서 [221 a] 퇴각했을 때,[48] 소크라테스를 관찰한 것은 가치가 있었다네. 나는 공교롭게도 기병으로 거기에서 있게 되었고, 그는 중장비 보병이었네. 모든 사람들이 이미 흩어지고 나서 그는 라케스와 함께 퇴각하고 있었네. 나는 그 두 사람을 만나게 되었고, 그들을 보자마자 용기를 내라고 소리쳤고, 그들을 버리고 가지 않겠다고 말했네. 거기에서 나는, 먼저 그가 신중함에서 라케스를 얼마나 능가하는지, 포테이다이아에서 보다 소크라테스를 더욱 명확하게 관찰할 수 있었다네 – 나는 말을 타고 있었기에 겁이 덜 났다네.[49] [221 b] 그 다음에, 아리스토파네스, 이것은 그대의 말(문구)인데, 여기에서처럼 거기에서도 그는 "활보하며 이리저리 눈을 부릅뜨면서" 아군과 적군을 조용히 응시하며 앞으로 나아가는 것이 보였고,[50] 어느 누군가 그 사내를 건드리면 그는 아주 단호하게 물리칠 거라는 것을 아주 멀리서도 어느 누구에게나 분명하게 보였다네. 그렇기에 그와 그의 친우는 안전하게 후퇴했다네. 실제로 전투에서는 그렇게 행동하는 사람들을 건드리지 않고 전속력으로 [221 c] 도주하는 사람들을 쫓는다네.'

'어느 누구나 소크라테스에 대한 찬사를 할 수 있는 그 밖의 많은 놀랄만한 것을 갖고 있을 것이네. 그러나 그의 다른 행위(업적)에서 아마도 누군가는 그러한 것을 다른 사람과 관련하여 말할 수 있지만, 그는 과거와 현재에 있는 어떤 인간과도 유사하지 않다는 사실이 아주 놀랄만한 것이라네. 아킬레우스와 같은 사람이 있었다면 브라시다스나[51] 그 밖의 사람들과 견줄 수 있겠고, 다시금 페리클레스와 같은 사람은 네스토르나 안테노르와 견줄 수 있을 걸세[52] – 그 밖의 사람들도 있다네 – [221 d] 그 밖의 사람들도 똑같이 견줄 수 있을 걸세. 하지만 여기 이 사람과 같은 사람은 인격과 논의에서 기이奇異하기에, 어느 누군가 그의 인격과 논의에 서 그를 인간이 아닌 내가 말한 실레노스나 사튀로스와 같은 인물들과 견주지 않는 한, 현재나 과거의 사람들에서 그에게 근접하는 사람을 찾고자 해도 발견하지 못할 걸세.'

'사실 그의 논의가 (몸이) 열린 실레노스와 아주 유사하다는 것은 내가 처음에 빠뜨린 것이라네. [221 e] 어느 누군가 소크라테스의 논의들을 들으려 한다면, 먼저 그의 논의들은 아주 우스꽝스럽게 보일 것이기 때문이라네. 그러한 말과 어구는 무뢰한 같은 사튀로스의 거죽과 같이 겉으로 (그의 논의들을) 감싸고 있는 것이라네. 그는 짐 싣는 당나귀나 대장장이나 구두장이나 무두장이와 같은 것들을 말하고, 언제나 똑같은 것을 똑같은 것에 의해 말하는 것으로 보이기 때문에, 그에 대하여 미숙하거나 지성이 없는 사람은 [222 a] 누구나가 그의 논의들을 비웃는다네. 어느 누군가 열린 그의 논의들을 보아서 그것(논의)들 안에 들어가게 되면, 그는 먼저 그 안에 오직 지성만을 지닌 논의들이라는 것을 발견할 것이고, 그 다음에 그것들이 가장 신적이고 그 안에 아주 많은 미덕의 조상彫像들을 지니고 가장 크게 (영향을) 미치는, 더 정확히 말하면, 아름답고 좋게 되려는 사람이 고찰하기에 적절한 그러한 모든 것에 미치는 논의들이라는 것을 발견할 것이네.'

'여러분, 이것이 소크라테스에 대한 내가 하는 찬사라네. 더욱이 내가 그를 비난했던 것과 그가 나를 모욕했던 것을 섞어서 그대들에게 말했네. [222 b] 하지만 그가 나에게만 그렇게 한 것이 아니라 글라우콘의 아들인 카르미데스와 디오클레스의 아들인 에우튀데모스와 그 밖의 아주 많은 사람들에게도 그렇게 했다네. 이 사람은 사랑하는 남성으로서 그들을 속이지만 도리어 그는 사랑하는 남성이 아니라 그들의 미동이 된다네. 아가톤, 이러한 것과 관련하여 나는 이 사람에게 속지 말기를 그대에게 경고하네. 속담에서 말하듯이 수난을 겪으면서 알게 되는 어리석은 사람이 되지 말고 나의 수난에서 알게 되기를 명심하게나.'

결말

[222 c] 알키비아데스가 이러한 말을 하자, 그가 여전히 소크라테스에 대한 에로스로 인해 자극되어 있어 보였기에 그의 숨김없는 말에 웃음소리가 났다네. 소크라테스가 말하기를, '알키비아데스, 자네는 멀쩡하게 보이네. 그렇지 않다면, 자네가 이러한 모든 것을 말했던 의도를 그처럼 영악하게 완전히 숨기지 못했을 것이네. 나는 어떤 다른 사람이 아닌 자네를 사랑하여야 하고, 아가톤은 어떤 다른 사람이 아닌 자네의 사랑을 받아야 한다고 생각하면서 [222 d] 자네는 나와 아가톤의 사이를 갈라놓으려는 그 의도를 위하여 모든 것을 말하지 않고 그것을 마지막에 여담으로 놓았다네. 그런데 자네는 발각되었네. 자네의 이러한 사튀로스 연극과 실레노스 연극은 명확하게 드러났다네. 친애하는 아가톤, 그가 어떤 것도 얻지 못하도록 하고, 어떤 사람도 나와 그대를 갈라놓지 못하도록 주의하게나.'

아가톤이 말하기를, '소크라테스, 그대가 사실을 [222 e] 말하는 것 같네. 그가 우리 사이를 갈라놓으려고 나와 그대의 가운데에 기대어 앉았던 것을 증거로 삼겠네. 그래서 그는 어떤 것도 얻지 못할 것이고, 나는 그대 옆으로 가서 기대어 앉으려네.'

소크라테스가 말하기를, '정말 그러하니 이리 와서 내 아래에

기대어 앉게.'

알키비아데스가 말하기를, '제우스신이시여! 저 인간에게 다
시 무슨 수난을 겪어야 한단 말인가. 그는 모든 것에서 나를 이겨
야 한다고 생각한다네. 놀라운 친우여, 어떤 다른 것도 할 수 없
다면, 아가톤을 우리의 가운데에 기대어 눕도록 하게.'

소크라테스가 말하기를, '그것은 가능하지 않네. 자네는 나에
대한 찬사를 했기에, 내가 다시 나의 오른쪽에 있는 사람에 대한
찬사를 하여야 하네. 아가톤이 자네의 아래에 기대어 앉으면 그
는 나의 찬사를 받기 전에 확실히 나에 대한 찬사를 다시금 해야
하지 않겠나? 다이몬과 같은 친우여, [223 a] 허락하게나. 나의 찬
사를 받는 그 젊은이를 질투하지 말게. 나는 정말로 그에 대한 찬
사를 하기를 욕망한다네.'

아가톤이 말하기를, '허허 알키비아데스, 나는 여기에 머무를
수 없겠네. 무슨 일이 있어도 나는 자리를 옮겨서 소크라테스에
게서 찬사를 받을 것이네.'

알키비아데스가 말하기를, '이러한 것들은 (그의) 습관적인 그
러한 것들이라네. 소크라테스가 있으면 어떤 사람도 아름다운 것

을 나눠 갖기는 가능하지 않다네. 소크라테스가 이 사람을 자신
의 옆에 기대어 눕게 하려고 지금 얼마나 기지 있게 설득력 있는
논의를 찾았겠는가?.'

[223 b] 그리하여 아가톤은 소크라테스 옆에 기대어 누우려고
일어났다네. 그러나 갑자기 많은 주정꾼들이 문 앞으로 몰려왔
고, 어떤 사람이 밖으로 나갔었기에 문이 열려 있어서 곧장 그들
에게 들어와서 기대어 앉았다네. 모든 곳이 소란으로 가득 찼고,
어떤 순서도 전혀 없이 그들 모두는 아주 많은 포도주를 마셔야
했다네. 아리스토데모스가 말하기를, 에뤽시마코스와 파이드로
스와 그 밖의 어떤 사람들은 떠나가버렸고, 그런데 그는 잠이 들
었고 [223 c] 그때 밤이 길어서 아주 오랫동안 잤다네. 그는 거의
동틀녘이 되어 닭이 울고 있을 때 일어났다네. 그는 일어나서 다
른 사람들이 잠이 들거나 가버린 것을 보았고, 아가톤과 아리스
토파네스와 소크라테스만이 여전히 깨어 있으면서 커다란 그릇
을 (왼쪽에서) 오른쪽으로 (돌려가며) 술을 마시는 것을 보았네. 그런
데 소크라테스는 그들과 대화를 하고 있었네. 아리스토데모스는
그 논의의 나머지를 기억하지 못한다고 말하네 [223 d] – 그는 처
음부터 거기에 있지도 않았고, 더구나 졸았기 때문이라네 – 하지
만 중요한 논점은, 그가 말하기를, 소크라테스가 그들에게 똑같
은 사람이 희극과 비극을 짓는 것을 알아야 한다는 것과 능숙한

비극 작가도 희극 작가가 되어야 한다는 것에 동의하라고 강요했
다네. 그들은 이런 것들에 동의하도록 강요되었지만 졸았기에 (그
의 논의를) 잘 따라갈 수 없었네. 그래서 아리스토파네스가 먼저 잠
들고, 그 다음에 동틀녘이 이미 되었을 때 아가톤이 잠들었네. 소
크라테스는 그들이 잠들도록 놔두고 일어나서 언제나 그를 따르
는 아리스토데모스와 함께 밖으로 나왔다네. 그는 뤼케이온으로
가서 몸을 씻고 여느 때처럼 그렇게 나머지 시간을 보내고 저녁
이 되어서야 집에 가서 쉬었다네.'

플라톤의 『쉼포지온』은 어느 겨울밤에 있었던 어떤 사건에 대한 묘사이다. 그 사건은 아가톤이라는 젊은 시인이 디오뉘소스 신을 기리는 비극 경연대회에서 우승하였기에 축하하기 위한 만찬이었다. 말하는 재주가 뛰어났고 논의하기를 즐겼던 희랍 사람들에게 있어서 그 만찬은 담화 하기에 아주 좋은 기회를 주었고, 공교롭게도 만찬에 참석한 사람들은 그 전날에 만취하여 숙취로 힘들어했기에 술을 마시지 않고 맨정신으로 에로스에 대한 논의를 하게 된다. 술을 마시지 않고 전개되는 에로스에 대한 그들의 논의는 사적인 감정이 들어 있지 않은 자신의 관점에서 파악한 이성적인 논의이다. 그들과 대비되게 소크라테스가 논의를 마치자 술에 취해 도착한 알키비아데스는 사적인 감정을 지닌 자신의 에로스에 대한 논의를 한다. 참석한 사람들 저마다는 자신의 관점에서 에로스에 대한 찬사를 하지만, 이 모든 사건의 구성은 플라톤의 창작이다. 플라톤은 이 사건을 상세한 설명을 곁들여 사실인 것처럼 묘사하기에 2천 4백 년이 지난 지금에도 우리는 소크라테스가 활동했던 시대의 일상적인 모습을 생생하게 볼 수 있다. 에로스에 대한 찬사를 하는 논의자들 저마다의 이야기에서 독자들은 다양한 문체와 어법을 자유로이 모방하여 사용하는 플라톤의 뛰어난 글 솜씨를 확인할 수 있을 것이다.

서구의 철학적 전통이 그의 사상에 대한 일련의 주석들로 이루어졌다는 화이트헤드의 말을 언급할 필요도 없이 실제로 그가 그의 저술에서 논의한 것은 철학적 논쟁거리이고 철학적 문제의 논의와 이해에서 실마리이다. 그렇기에 서양 철학사를 통하여 플라톤의 철학은 변신을 거듭했다. 고대 후기에는 플로티노스의 플라톤이었고, 중세시대에는 기독교의 플라톤이었고, 19세기에는 칸트와 헤겔의 플라톤이었고, 현대에는 실재론자이고 개념분석자인 플라톤이다. 플라톤의 철학은 마치 그의 대화들에서 언급된

바다의 신인 프로테우스Proteus처럼 여러 가지의 모습을 지니기에 그 본모습을 알기가 쉽지 않다(『국가』 381 d, 『에우튀데모스』 288 c, 『에우튀프론』 15 d, 참고: 호메로스 『오뒤세이아』 4. 456).

　플라톤의 대화에서 전개된 이론은 쉽사리 정의할 수 없고, 그 것에 대한 해석은 자유로울 수 있지만 단정 지을 수 없다. 그의 많은 대화들에서 전개된 논의는 어떤 명확한 결말도 없이 끝나버 린다. 나의 경험을 말하자면 지식이 무엇인지에 대한 그의 대화 『테아이테토스』를 처음 읽고서 지식에 대한 모든 이론을 거부하 는 소크라테스의 논박에 당혹했고 허탈했던 느낌을 지울 수 없 다. 마찬가지로 『쉼포지온』에서도 플라톤이 전개한 논의는 사튀 로스의 거죽과 같은 것이 그것을 감싸고 있기에 그 의미를 파악 하기가 쉽지 않다(참고: 221 e). 그 의미는 그것을 보고 이해할 수 있는 사람들에게만 보인다. 언뜻 보아서는 보이지 않지만, 아폴 로도로스가 강조하듯이 자주 되새기면 보일 수 있을 것이다. 인 간은 자기에게 보이는 것만 볼뿐만 아니라 자기가 보고 싶은 것 만을 본다. 그가 볼 수 있는 것이 그의 모든 것이고 인간으로서 그가 지닌 한계이다. 보이지 않는 것을 보는 능력이 철학의 힘이라고 한다면 『쉼포지온』에 숨겨진 의미를 찾는 것도 의미 있는 철학적 훈련이 될 것이다.

　『쉼포지온』은 정교한 구성과 아름다운 문체로 저술되었기에 번역을 수행한 나 자신도 플라톤이 의미하는 바를 얼마나 정확하고 적절하게 옮겼는지 확신할 수 없다. 필자는 가능한 한 글자 그대로의 번역이 되기를 의도했고 그의 글의 미묘한 의미가 원문과 크게 어긋나지 않게 직접적으로 전달되도록 하였다. 필자는 『쉼포지온』을 나 자신에게 들려주듯이 그러한 관점을 의식하면서 쓰고자 하였다. 말할 필요도 없이 내가 보지 못하고 찾지 못한 오역은 피할 수 없을 것이다. 그럼에도 여전히 내 마음을 불안하게 하는 것은 플라톤의 논의나 어구와 어법이 함축하고 있는 숨겨진 의미를 간과했을 수 있기 때문이다. 그러한 문제에 대한 사례를 들자면, 알키비아데스가 사용하는 언어는 앞선 논의자들의 어구나 어법을 모방하기에 그가 듣지도 못한 사람들의 언어를 그로 하여금 사용하게 하는 플라톤의 의도가 무엇인지 알기가 쉽지 않다. 모방은 사실을 결여한다고 강조하는 플라톤이기에 앞선 논의자들을 모방하는 알키비아데스의 언어가 사실을 얼마만큼 담을 수 있을지 의심스럽다. 마찬가지로 알키비아스의 논의가 무엇을 목적으로 하고 그것이 얼마만큼의 신뢰를 줄 수 있을지 확신할 수 없다. 알키비아스의 고백에 진심이 담겨 있다고 한다면 플라톤은 그러한 언어를 사용하는 알키비아데스로 하여금 그들 저마다가 찬미했던 다양한 에로스의 모습을 소크라테스에게 전적으로 주고자 의도한 것인가? 그렇다고 하더라도 도덕적이지 못하고 제멋대로 행동하는 알키비아데스의 소크라테스에 대한 찬사를 어떻게 파악하여야 하는가?

알키비아스의 고백이 사실이라면 그것은 소크라테스에 대한 플라톤의 찬사일 수도 있지만, 그것이 사실이 아니라면 소크라테스가 아테네의 젊은이들을 도덕적으로 타락시켰다는 아테나이 시민의 비난에 대한 플라톤의 변명에 지나지 않을 것이다. 알키비아데스도 말하듯이 소크라테스에 대한 그의 논의에는 찬사와 비난이 섞여 있기에(222 a), 어쩌면 그 둘 다일 수 있지만 어떤 것도 단정할 수 없다. 무엇보다도 『쉼포지온』에서 알키비아데스를 올바르게 이끌고자 적극적으로 노력하고 설득하는 소크라테스의 모습이 보이지 않는다. 소크라테스가 미덕과 도덕의 가르침에서 진정한 스승이었을까? 이러한 모든 문제에 답변은 『쉼포지온』을 읽게 되는 독자들에게 달려있다. 플라톤 철학의 관점에서 본다면 『쉼포지온』에서 제기된 철학적인 의문에 대한 기존 학자들의 해석이나 해설은 '사실'이 아닌 그들 나름의 '의견'에 지나지 않는다. 그렇기에 독자들은 기존 해석이나 해설에 얽매일 필요가 없다. 중요한 것은 독자 여러분이 자신의 관점에서 『쉼포지온』을 바라보고 해석하는 것이다.

『쉼포지온』을 번역하고 해설을 쓰면서 필자는 이전에 알지 못하고 볼 수 없던 것을 새로이 보게 되었다. 이러한 사실은 나에게 커다란 수확이 아닐 수 없다. 『쉼포지온』의 번역을 위하여 다시 읽으면서 연구를 위해서 읽는 것과 번역을 위해서 읽는 것 사이에 커다란 차이가 있다는 것을 몸소 느끼게 되었다. 그렇기에 최고의 독서는 번역이 아닐까 싶다. 하지만 『쉼포지온』의 번역과 해설은 나 자신의 혼자의 힘으로 나오게 된 것이 아니라 많은 분들께 신세를 졌다. 『쉼포지온』의 번역과 해설을 처음 제안하신 박경주 전 대표님과 고전의 번역을 조언하신 노경래님께 이 자리를 빌려 감사의 말씀을 드린다. 필자의 아내는 이 책의 산파 역

할을 하였다. 더욱이 그녀는 번역과 해설을 상세히 읽고 많은 잘
못된 표현들을 지적하였기에 그것들에 대한 교정이 가능했다.
원고의 완성이 지연되는데도 인내를 지니고 기다려 주시고, 게
다가 교정과 색인 작업까지 해주신 안티쿠스 대표 김종만님께
감사의 말씀을 전한다. 마지막으로 자손을 위하여 자신의 모든
것을 희생하셨기에 고대철학을 연구하는 필자의 삶을 가능하게
하셨지만 아주 오래전에 고인이 되신 조부님의 영전에 이 작은
책을 바친다.

2011년 여름   장 경 춘

1 아테나이의 도심에서 남서쪽으로 떨어져 있는 항구 마을.
2 아가톤은 기원전 405년에 아테나이를 떠나 마케도니아 왕인 아르켈라오스의 궁전
　으로 갔다고 추정된다.
3 기원전 416년에 거행되었던 디오뉘소스 축제를 지시한다.
4 아테나이 시내의 분할된 한 구역(demos)이다.
5 아리스토데모스가 소크라테스의 사랑하는 사람이라는 표현에 어떤 동성애적 관
　계의 의미는 없다. 소크라테스의 사랑하는 사람은 사랑하는 남성이 사랑받는 소
　년을 쫓듯이 그를 쫓는 그의 숭배자라는 의미이다.
6 속담은 에우폴리스의 단편을 의미한다: 초대받지 못한 좋은(훌륭한) 사람이 하찮
　은 사람의 만찬에 간다(단편 289).
7 아가톤과 좋은 것은 동음이다. 여기에서 소크리테스는 아가톤의 이름으로 말장난
　을 한다.
8 메넬라오스는 아가멤논의 동생으로 스파르타의 왕이고 헬레네의 남편이다.
9 이 글은 호메로스의 『일리아스』에서 온 것이다. 디오메데스는 네스토르에게 '두
　사람이 함께 가면 한 사람이 다른 사람에 앞선 생각을 하기에' 그와 함께 어떤 다
　른 사람이 적진으로 가야 한다고 제안한다(10. 222-226).
10 뮈리누스는 아테나이 시내의 분할된 한 구역(demos)이다.
11 멜라닙페는 에우리피데스의 소실된 비극의 이름이다.
12 헤시오도스의 『신들의 계보』 116-120쪽.
13 아쿠실레오스는 기원전 5세기에 활동한 아르고스 사람으로 이오니아 방언으로 헤
　시오도스에 근거한 다수의 신의 계보학을 저술한 산문사가였다.
14 파르메니데스 단편 13. 이 단편에 대한 다른 해석도 있다: 파르메네니데스는 생성
　을 말하면서 필연(창조신/ 아프로디테)이 모든 신들 중에서 에로스를 맨 처음으로
　고안했다고 언급했네.

15 여기에서 소년-사랑의 관계가 언급된다. 그들의 관계는 사랑하는 남성과 사랑받는 소년(미동)이다.

16 알케스티스는 테살리아의 이올코스의 왕인 펠리아스의 딸이고 페라이의 왕 아드메토스의 부인이다.

17 전설적인 음유시인으로 트라키아의 왕 오이아그로스의 아들이다.

18 아킬레우스와 그의 어머니 테티스의 대화는 플라톤의 대화 『변론』(28 c-d)에 있다.

19 우라니아는 하늘을 의미하고, 판데모스는 모든 사람이 섬긴다는 의미이다. 우라니아의 아프로디테는 헤시오도스의 『신들의 계보』에서 자신의 아들인 크로노스에 의해 잘린 우라노스의 성기가 바다에 떨어져 튀어 오른 (그의 성기에 의한) 거품에서 태어나고, 판데모스의 아프로디테는 호메로스의 『일리아스』에서 언급된 제우스와 디오네에 의하여 태어난다.

20 노모스는 법과 규범을 포함하는 말이다. 하지만 여기에서 노모스는 법을 의미한다.

21 여기에서 노모스는 법과 규범을 포함한다

22 기원전 6세기의 인물들인 아리스토게이톤과 하르모디오스는 사랑하는 남성과 사랑받는 소년의 관계였다. 그들은 참주인 힙피아스와 그의 동생 힙파르코스를 살해하고자 했으나 힙피아스를 죽이지는 못했다. 그들은 처형되었지만 아테나이 사람들은 그들을 참주제를 타도한 영웅으로 추앙했다.

23 원문은 파우사니우 ⋯ 파우사메노우(Pausaniou de pausamenou)이다. 플라톤은 파우사니아스(파우사니우)가 마치다(파우사메노우)와 음운이 비슷하기에 말장난을 한다.

24 희랍의 신화에서 에피알토스와 오토스는 아레스(전쟁의 신)를 청동으로 된 독 안에 강력한 사슬로 일 년이나 묶어 두었다(『일리아스』 5. 385 이하). 그들은 신들을 위협하면서 오륌포스 산 위에 오싸(Ossa) 산를 쌓고 오싸 위에 펠리온 산(Pelion)을 쌓아서 하늘에 오르려고 했으나 제우스의 아들 아폴론이 그들을 죽였다(『오뒤세이아』 11. 307-320).

25 이것은 기원전 385년에 스파르타가 아르카디아의 도시 만티네이아를 파괴하여 4개의 거주지로 나눈 사건을 의미한다.

26 아가톤은 파우사니아스의 미동(사랑받는 소년)이다. 그들의 관계는 아가톤이 30살이 넘어서도 지속하였는데 희랍의 사회에서 그러한 관계는 아주 드문 경우였다.

27 크로노스와 이아페토스는 우라노스와 가이아(게)에게서 난 티탄들이다. 크로노스는 그의 아버지인 우라노스의 성기를 절단하여 신들의 왕권을 이어받았고, 그의 아들인 제우스는 크로노스를 감옥에 가둠으로써 왕권을 이어받았다. 이아페토스

는 크로노스와 함께 감옥에 갇혔다.

28 아테는 제우스의 딸로 미망의 여신이다.

29 이 표현은 『일리아스』에서 온 글이다(19. 93-94).

30 에로스가 전쟁의 신 아레스를 사로잡았다는 아가톤의 언급은 아레스와 헤파이스토스의 부인인 아프로디테의 간통사건을 언급한 호메로스의 『오뒤세이아』의 이야기이다. 아레스는 헤파이스토스와 결혼한 아프로디테에 대한 에로스의 욕망에 사로잡혔다. 이러한 사실을 지켜본 해 아폴론 신이 헤파이스토스에게 말하자 그는 가느다란 청동 실로 짠 그물을 만들어 아프로디테의 침대에 쳤다. 아레스와 밀회를 즐기던 아프로디테는 헤파이스토스를 보자 아레스와 함께 자리를 피하려 했지만, 그물에 걸려 움직일 수 없게 되었고, 분노에 찬 헤파이스토스는 그들의 간통 장면을 목격하도록 신들을 불렀다. 하지만 포세이돈의 간청에 의해 그들은 풀려났다(『오뒤세이아』 8. 266-366).

31 고르기아스의 머리는 고르고의 머리에 대한 동음이의어의 말장난이다. 고르기아스는 괴물인 고르고와 음이 비슷하고 고르곤의 머리를 보는 사람은 돌로 변하기에, 소크라테스는 아가톤의 고르기아스식의 논의가 그를 돌로 만들어 말을 못하게 할지 두려웠다는 의미로 그러한 표현을 하고 있다.

32 이러한 표현은 에우리피데스의 비극에서 온 글이다. 힙폴뤼토스는 화가 난 순간에 그의 맹세를 깨려하면서 ‘(나의) 혀는 맹세했지만, (나의) 마음은 아니었다네’라는 말을 한다 (『힙폴뤼토스』612).

33 포이에시스(생성)라는 단어는 본시 생성이나 만듦을 의미하고, 생성하거나 만드는 사람은 생성(포이에시스)에서 비롯된 포이에테스이다.

34 코드로스는 아테나이의 전설적인 왕이다. 그는 델포이 신탁이 도리아 침입자들에게 아테나이의 왕을 죽이지 않는 경우에만 그들은 아테나이를 차지할 수 있다고 말했던 것을 알고서, 그들에게 의도적으로 싸움을 걸어 자신의 목숨을 사발적으로 희생하였다.

35 ‘결혼하지 않고(eitheos)’는 ‘신적인(theios)’에 대한 파르멘티에르(Parmentier)의 교정이다. 로(C. Rowe)는 이 교정을 따르지 않는다. 그는 ‘신적인 재능을 지니고’로 해석한다.

36 기원전 7세기에 활동했다고 전해지는 전설적인 스파르타의 입법가로서 스파르타의 법과 사회와 군사 제도의 설립자였다.

37 솔론은 기원전 6세기 초반의 시인이며 정치가였다. 그는 기존의 아테나이 최초의 성문법인 드라콘 법전을 개정하여 아테나이의 법률을 인도적인 내용으로 바꾸어 놓았다.

38 2. 28리터를 담을 수 있는 그릇.

39 알키비아데스가 포세이돈 신을 언급한 것은 포세이돈이 '술을 주는 사람'을 의미하기에 그의 술 마심(posis)에 대한 말장난이다.

40 실레노스는 염소의 모습으로 사튀로스들의 아버지로 말해지기도 하고 사튀로스 모두를 지칭하기도 한다. 사튀로스는 숲과 언덕의 야생에서 살고, 욕망과 행동은 야수이고 발기된 성기와 들창코를 지니고 말이나 염소와 같은 동물의 모습을 한다. 고대 희랍의 작가들은 실레노스와 사튀로스를 혼동했지만, 기원전 4세기부터 실레노스는 대개 나이가 많고 말의 귀를 지녔지만, 사튀로스는 대개 어리고 염소의 모습을 지녔다.

41 마르쉬아스는 전설적인 사튀로스로서 아주 훌륭한 음악가였다. 그는 아폴론 신에게 음악 시합으로 도전하였지만, 산채로 거죽을 벗기는 벌을 받게 되었다.

42 코뤼바스(Korybas)들은 프뤼기아의 위대한 어머니 여신인 귀벨레(Kybele)의 신화적인 사제들이다. 그들의 종교의식의 특징은 정신 착란의 의미에서 신이 들린 사람들에게 어떤 치료의 광란을 일으키는 북과 피리 음악이었다.

43 세이렌 자매의 노래를 들으면 홀려서 죽는다는 이야기는 호메로스의 『오뒤세이아』에 있다(12. 37-54, 154-200). 오뒤세우스는 그들의 노래를 듣지 못하게 그의 선원들의 귀를 밀랍으로 막았다.

44 '아이들이 있거나 없거나 포도주에 사실(진실)이 있다'는 그의 언급에서 아이들은 어린아이들을 의미할 수도 있고 하인을 의미할 수 있다. 희랍에서는 하인을 아이라고 불렀다. '아이들이 있거나 없거나 포도주에 사실(진실)이 있다'는 말은 술에 취하면 사실을 말하고 아이들은 거짓말을 하지 않기에 아이들과 포도주만이 사실이라는 의미가 있을 수 있다. 아이들이 아닌 하인들을 의미한다면, 하인들이 말을 엿들 것에 상관없이 포도주는 사실을 말하게 한다는 의미가 들어 있다.

45 호메로스의 『일리아스』에서 제우스에게 정신을 빼앗긴 글라우코스는 자기의 황금으로 된 무장을 디오메데스의 청동으로 된 무장과 교환한다(6. 232-236).

46 아테나이의 포테이다이아 원정은 펠레폰네소스 전쟁(기원전 431년-404년) 중인 기원전 432년 여름부터 430년 겨울까지 진행되었다

47 호메로스의 『오뒤세이아』에서 온 글이다: '지금까지 나는 수많은 영웅의 조언과 생각을 알게 되었고, 온 세상을 떠돌아 다녔다네. 하지만 나는 강한 인내심을 지닌 오뒤세우스만큼 그러한 사내를 나의 눈으로 보지 못했다네'(『오뒤세이아』 4. 267-270).

48 기원전 424년에 아테나이 군은 기원전 424년에 보에오티아의 남동쪽에 있는 델리온 근처의 전투에서 보에오티아 군에게 패했고(튀키디데스 『역사』 IV. 89-101. 2), 그들의 퇴각은 무질서한 도주였다(튀키디데스 『역사』 IV. 96. 6-8).

49 라케스는 소크라테스의 친우로서 기원전 427-425년에 아테나이의 장군이었고 418

년에 만티네이아의 전투에서 피살되었다.

50 '활보하며 이리저리 눈을 부릅뜨면서'라는 표현은 아리스토파네스의 『구름』(362)
에서 인용된 글이다.

51 브라시다스는 뛰어난 힘과 용기를 지닌 저명한 스파르타의 지도자로서 기원전
422년 암피폴리스의 전투에서 싸우다가 죽었다(튀키디데스 『역사』 II. 25, 85).

52 네스토르는 필로스의 왕으로 『일리아스』에서 소리가 맑고 달콤한 웅변가로 묘사
되어 있고(1. 248), 트로이아 사람인 안티노르는 현명하고 사려 깊은 트로이의 신
하로 맑은 목소리를 지닌 언변가로 그려져 있다(3. 148-151).

| 참고 문헌 |

1. 원전
Burnet, J., *Platonis Opera* (Oxford Classical Texts) II, Oxford, 1901.

2. 번역과 주석서
Bury, R.G., *The Symposium of Plato*, Cambridge, 1909.
Dover, K. J., *Symposium*, Cambridge, 1980.
Gill, G., *Plato The Symposium* (Penguin), London, 1999.
Nehamas, A., and Woodruff, P., *Plato: The Symposium, Indianapolis*, 1989.
Rowe, C. J., *Plato: Symposium*, Warminster, 1998.
Waterfield, R., *Plato: Symposium*, Oxford, 1994.

3. 저서와 논문
Bacon, H., 'Socrates Crowned', *The Virginia Classical Quaterly* 5 (1959), pp.415-430.
Burkert, W., *Greek Religion*, London, 1985.
Burnyeat, M. F., 'Socratic Midwifery, Platonic Inspiration', in *Essays on the Philosophy of Socrates* (ed. H. H. Benson), Oxford, 1992, pp.53- 65.
Chang, K-C, 'Plato' s Form of the Beautiful in the Symposium Versus Aristotle' s Unmoved Mover in the Metaphysics (Λ)' , *The Classical Quarterly* 52(2002), pp.431-446.
Cohen, D., Law, *Sexuality and Society*, Cambridge, 1991.
Cornford, F. M., 'The Doctrine of Eros in Plato' s Symposium' , in *The Unwritten Philosophy and Other Essays*, Cambridge, 1950, pp.68-80
Dover, K. J., *Greek Homosexuality*, Oxford, 1978.
Ferrari, G. R. F., 'Socratic Love' , in *The Cambridge Companion to Plato* (ed. R.

Kraut), Cambridge, 1992, pp.248-276.

Gould, T., *Platonic Love*, London, 1963.

Halperin, D.M., 'Platonic Eros and What Men Call Love', *Ancient Philosophy* 5(1985), pp.161-204.

Halperin,D.M., 'Why is Diotima a Woman?', in *One Hundred Years of Homosexuality*, London, 1990, pp.113-151.

Hunter, R., *Plato's Symposium*, Cambridge, 2004.

Lear, J., *Open Minded*, London, 1999.

Nussbaum, M., *The Fragility of Goodness*, Cambridge, 1986.

Osborne, C., *Eros Unveiled: Plato and the God of Love*, Oxford, 1994.

Pender, E., 'Spiritual Pregnancy in Plato's Symposium', *The Classical Quarterly* 42 (1992), pp.72-86.

Price, A.W., *Love and Friendship in Plato and Aristotle*, Oxford, 1989.

Rosen, S., *Plato's Symposium*, New Haven, 1987.

Rutherford, R. B., *The Art of Plato*, London, 1995.

Santas, G., *Plato and Freud: Two Theories of Love*, New York, 1988.

Vlastos, G., 'The Individual as an Object of Love in Plato', in *Platonic Studies* (2nd edn), Princeton, 1981, pp.3-42.

Vlastos, G., 'Socratic Irony', *The Classical Quarterly* 42(1987), pp.79-96.

ㄱ

ㄴ

ㄷ

ㄹ

ㅁ

음주 19, 102
이올코스 134
『일리아스』133, 134, 136, 137

ㅈ

자신 6, 7, 10~13, 15, 16, 20~27, 31, 36, 37,
  40, 47~58, 62, 63, 65, 70, 73, 75, 80, 81,
  82, 83, 85, 86, 88~93, 98, 102, 104,
  106~114, 117, 122, 126, 127
절제sophrosyne 42, 59, 60, 93, 103, 109, 115
정의dikaiosyne 43, 59, 60, 93, 128
제우스Zeus 7, 11, 29, 30, 47, 61, 76, 78, 85,
  122, 134, 136
조롱 7, 115
지식episteme 39~43, 74, 90, 91, 95, 96, 128
지혜sophia 14, 18, 36, 43, 55, 60, 61, 74,
  78~80, 84, 87, 92, 93, 96, 100, 115

ㅊ

『축제의 여인들』201
침대 135
침상 15~17, 38, 100, 111

ㅋ

카오스chaos 24
코뤼바스Korybas 107, 136
퀴벨레Kybele 136

ㅌ

테살리아 134
『테아이테토스』128
티탄 134

ㅍ

파르메니데스 24, 57, 133
파우사니아스 6, 7, 19, 22, 28, 37, 39, 45,
  52, 112, 134
『파이돈』6
파이드로스 6, 7, 20~23, 28, 38, 55~57, 61,
  62, 65, 98, 99, 112, 123
『파이드로스』7
판데모스Pandemos 29, 35, 37, 42, 134
팔레론 6, 10
페라이134
펠로폰네소스 전쟁7
펠리아스134
『평화』57, 61
포도주 78, 102, 111, 123, 136
포이닉스 6, 10, 11
프로디코스21
『프로타고라스』6, 7
필리아philia 26

ㅎ

하르모디오스 32, 134
헌주獻酒 19

쉼포지온

발행일 | 초판 1쇄 2011년 10월 25일

지은이 | 플라톤
옮긴이 | 장경춘
펴낸이 | 고진숙
펴낸곳 | 안티쿠스
책임편집 | 김종만
북디자인 | 씨엘
CTP 출력 | 상지사피앤비
인쇄·제본 | 상지사피앤비
물류 | 문화유통북스
출판등록 | 제300-2010-58호(2010년 4월21일)
주소 | 서울시 종로구 부암동 129-8 울트라타임 730오피스텔 612호
전화 | 02-379-8883, 723-1835
팩스 | 02-379-8874
홈페이지 | www.antiquus.co.kr
이메일 | mbook2004@naver.com

값은 뒤표지에 있습니다.
이 책의 무단전재 및 복제를 금합니다.

ISBN 978-89-92801-19-5 03160 (세트)
        978-89-92801-20-1 03160